推薦のことば

　かつてバレーボールは華々しく長らく世界のトップに君臨していました。しかし、近年では海外勢の強化、技術研究、指導理論の確立が目まぐるしく進み、日本は世界から遅れをとっています。ぜひ、本書を参考に今一度スキルの基礎を徹底して習得すること、指導にあたられることに大きく期待をし、多くのバレーボールに携わる方々にこの書を推薦いたします。

元全日本女子代表
モントリオールオリンピック金メダリスト
白井貴子

　これまで、ＦＣ東京バレーボールチームが取り組んでいる教室活動や出張指導の場において、様々な現場ならではの疑問の声や問い合わせに応じてきました。その結果、各選手、指導者の方々からのご期待、さらにはおのおののチーム強化に大きく貢献できたことを実感しています。私たちの積み重ねてきたノウハウをより公開していくことは、さらに多くのバレーボール愛好家の方々の手助けができるものと考えます。ＦＣ東京バレーボールチームが全面協力させていただいた本書が、多くのバレーボール愛好家の手に届くことを期待しています。

ＦＣ東京バレーボールチーム
監督　坂本将康

Contents

推薦のことば　1

第1章

パス　7

1	基本の構え	8
2	姿勢と重心	9
3	腕の位置	10
4	オーバーハンドパス	11
5	オーバーハンドパスの実践	12
6	アンダーハンドパス	13
7	アンダーハンドパスの実践	14

第2章

ディグ　15

1	ディグへの基本姿勢と準備	16
2	ポジショニング	17
3	強打ボールへの対応	18
4	軟打ボールへの対応	19
5	ダイビングとローリング	20
6	背後へのワンタッチボールの処理	21
7	オーバーハンドディグの対応姿勢	22
8	オーバーハンドディグの実践	23
9	3人でのディグ練習	24
10	3人ディグの実践	25
11	3人での役割分担のディグ練習	26
12	3人での役割分担によるディグ練習の実践	27
13	正対	28
14	チーム全体での正対	29
15	スリーマンディグ	30
16	スリーマンディグの実践	31
17	ハーフポジションに特化した練習法	32
18	強打・ワンタッチボールの実践	33
19	5人ディグ	34

Contents

20	ネットボールの処理	36
21	ネットを利用したプレー	37
22	ネットにあててセットアップする	38

第3章

サーブ 39

1	サーブの考え方	40
2	サーブにおける重心と体重移動	41
3	ボールを捕らえるポイント	42
4	サイドハンドサーブ	43
5	オーバーハンドサーブ（フローターサーブ）	44
6	ジャンプサーブ	45
7	ジャンプフローターサーブ	46
8	ドライブサーブ	47
9	戦術的に有効なサーブの考え方	48
10	9人制におけるルールを活かしたサーブ	50

第4章

レセプション 51

1	レセプションの考え方	52
2	レセプションの基本姿勢	53
3	レセプションの実践	54
4	レセプションの目のつけどころ（着目点）	56
5	オーバーハンドによるレセプション	57
6	レセプションにおけるオーバーハンドレシーブのフォロー	58

第5章

セット 59

| 1 | セッターにおけるセットパフォーマンス | 60 |
| 2 | パスとセットの違い | 61 |

Contents

3 セターの基本姿勢 62
4 ネットからの距離 63
5 セッターのステップワーク 64
6 ネットに近いパスの対応 65
7 レフトサイドへのセットアップ 66
8 ライトサイドへのセットアップ（バックトス） 67
9 センターへのセットアップ 68
10 ファースト・テンポのセットアップ 69
11 オーバーハンドでのハイセット 70
12 アンダーハンドでのハイセット 72
13 トスフェイント・ツーアタック 74

第6章

アタック　75

1 スパイク（助走→踏み切り→スイング→ヒット） 76
2 フェイント 78
3 セカンド・テンポのアタック 80
4 サード・テンポのアタック 82
5 ファースト・テンポのアタック 84
6 ハイセットからのアタック 88
7 バック・アタック 90

第7章

ブロック　91

1 ブロックの基本姿勢 92
2 ブロックのレディポジション 94
3 1枚ブロックと移動ステップ 96
4 2枚ブロックと移動ステップ 98
5 3枚ブロックと移動ステップ 100
6 センター攻撃への3枚ブロック 101
7 ブロックにおける跳び方の分類 102
8 ブロックの考え方と対応 104

Contents

第8章 フォーメーション　105

1 レセプションフォーメーション（6人制）　106
2 レセプションフォーメーション（9人制）　108
3 ディグフォーメーション（6人制）　110
4 ディグフォーメーション（9人制）　112
5 スパイク・カバーフォーメーション（6人制）　114
6 スパイク・カバーフォーメーション（9人制）　116
7 フォーメーションの考え方　118

第9章 ウォーミングアップとクーリングダウン　119

1 ストレッチの種類と正しい行い方　120
2 静的ストレッチ　122
3 動的ストレッチ　124
4 ペアストレッチ　126
5 ウォーミングアップ　128
6 クーリングダウンの重要性　134
7 クーリングダウンのアイシング　135
8 疲労回復に効果的な入浴法　136

第10章 トレーニング　ケガをしない身体づくり　137

1 筋力トレーニングの重要性と注意点　138
2 トレーニングの効果を最大限に得るための九カ条　139
3 器具を使わない筋力トレーニング　140
4 アスリートの筋トレに挑戦　146
5 バランスボールを使ったトレーニング　149

Contents

第11章 ゲーム分析と正しい知識の習得　151

1. バレーボールにおけるゲーム分析 ……… 152
2. データの活用 ……… 156
3. タイムアウトのタイミングは？ ……… 158
4. タイムアウトの30秒を有効に活用する ……… 159
5. タイムアウト後に注意しなければいけないこと ……… 160
6. サブスティチューションの考え方 ……… 161
7. 試合中の監督の役割 ……… 162
8. 試合中のコーチ・ベンチマネージャーの役割 ……… 163
9. バレーボールのルール ……… 164
10. 審判法 ……… 168

第12章 コラム　171

1. バレーボールの準備(1)　ウェアの選び方 ……… 172
2. バレーボールの準備(2)　シューズ・サポーターの選び方 ……… 174
3. 目を鍛えよう！(1)　バレーボールとスポーツビジョン ……… 176
4. 目を鍛えよう！(2)　ビジュアルトレーニング ……… 178
5. スターティングメンバー外プレイヤーの役割 ……… 180
6. ゲーム形式の練習マッチなどにおける対戦カードの立案 ……… 181
7. 応急処置 ……… 182
8. 熱中症 ……… 183
9. 水分補給 ……… 184
10. 対談　今の練習が次世代の金メダルにつながっている　白井貴子 ……… 185

FC東京指導普及活動紹介　190
あとがき　192

第 **1** 章

パス

1	基本の構え	8
2	姿勢と重心	9
3	腕の位置	10
4	オーバーハンドパス	11
5	オーバーハンドパスの実践	12
6	アンダーハンドパス	13
7	アンダーハンドパスの実践	14

第1章 パス

基本の構え

　球技系スポーツ競技において、さまざまな動作に移行する基本的な構えは最も重要です。バレーボールにおいても、とくにその競技特性からボールを落とせないことにより、ラリーの始まった直後からさまざまなボールに対応するため、常に次の動作に移行できる準備が必要です。瞬時の判断のもと、いち早く筋肉へ指令を送り、最も適切な対応をすることが重要です。

❶ 肩幅より少し広めに足を広げ、利き足を半歩前へ出して腰を落とす
❷ つま先よりも膝が前にあること
❸ 肩よりも肘が前にあること

　指導現場ではよく「膝を曲げるように！」「かかとを浮かせて！」といわれますが、膝を曲げすぎても次の動作への移行がスムーズにいかず、逆に疲れるからとほとんど膝を曲げずに棒立ちで構えることもよくありません。また、故意にかかとを浮かせる必要もなく、基本の構えがしっかりできれば自然とかかとも浮き、正しい前傾した構えが維持できるでしょう。

よい例

第 1 章 パス

姿勢と重心

　基本の構えがうまく整わない事例をあげてみます。これらの要素のいずれかが自分の基本の構えに含まれていると気づいた、もしくは他者から指摘を受けたなどという場合は鏡の前などでチェックするようにしましょう。

スタンスの歩幅が広すぎる、狭すぎる場合

姿勢が前傾しすぎている、後傾しすぎている場合

　これらの場合、当然重心の位置もよい状態とはいえません。それによって対応できる範囲も大きく変わってしまいます。P8を参考に自分の正しい姿勢を今一度見直してみてください。

第 1 章 パス

腕の位置

　バレーボールにおいて大半のボールは腕で対応します。より幅広くさまざまなボールに対応するためには、適切な位置で腕も構えておく必要があります（P8 参照）。これにより前方や左右、さらには頭より上のボールなど、どの方向にも腕が反応できるよう準備をしておかなければいけません。

腕の位置が低すぎる

腕の位置が高すぎる

腕の幅が広すぎる

　腕の位置が低すぎると肩より上のボールへの対応が遅れ、逆に高すぎると膝辺りから下への対応が遅れてしまいます。さらに腕の幅が広すぎるのも、強打ボールに対しては身体のどこか一部にヒットさせるという考えもありますが、基本と捉えた場合は適切とはいえません。

第 1 章 パス

オーバーハンドパス

　オーバーハンドパスと聞いて「難しい・痛い・飛ばない」などネガティブなイメージを持っている方は少なくないでしょう。多くの選手をみてみると、このオーバーハンドパスを敬遠している選手も少なくありません。しかし、目標までボールを送るパスの中でもオーバーハンドパスが最も安定性があり、より正確に身につけたい技術であるといえます。

> **Point**
> 　オーバーハンドパスは10本の指をすべて使い、ボールを包み込むようにして方向性を加えながらパスをします。その際、それぞれの指には役割があります。
> ❶ 人差し指と中指→ボールを飛ばす
> ❷ 親指→ボールを下に落とさず、上方へコントロールする
> ❸ 薬指と小指→ボールの方向性をより安定させる

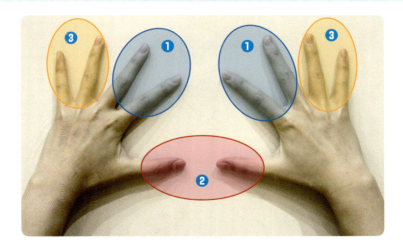

　オーバーハンドパスの際、薬指・小指に余計な力が入るとボールが前に回転してしまいます。また、親指に必要以上に力が入ってしまうと突き指をしてしまう可能性が高くなります。このような点に注意して、10本の指全てを使ってパスすることを心がけ、全ての指がボールに触れていることを確認しましょう。

オーバーハンドパスの実践

　安定したオーバーハンドパスを行うためには、まず飛来してくるボールに対し落下点をいち早く予測し、基本の構えの姿勢から素早くボールの下にしっかり入ります。そして、身体に最も近い位置でボールを捕らえる必要があります。具体的にボールの下というのはボールがおでこに垂直方向にあたる位置であり、このポイントで常にオーバーハンドパスができるように取り組んでみましょう。

❶ 落下点の予測
❷ ボールの下への移動
❸ 身体に最も近いおでこの位置でボールを捕らえる

あごが上がってしまう

　また、正しい位置でボールを捕らえられないと、ダブルコンタクトやホールディングなどの反則プレーにつながったり、なにより正しく目標へボールを送ることがより困難になります。正しい姿勢でオーバーハンドパスを実践し、思い描く軌道の通りにボールが送れるよう練習に取り組んでみましょう。

第1章 パス

アンダーハンドパス

　アンダーハンドパスの基本姿勢は、P8 の基本の構えで腕を前方に引き伸ばした形になります。そして、その際の腕の位置と角度が重要になってきます。それにより送り出す際のボールの軌道も大きく変わってくるため、この基本姿勢をしっかり身につけることが必要です。

❶ 組み手をしっかり固定する
❷ 腕と大腿部（もも）の延長線が平行になるようにする
❸ わきの角度が 90 度になる位置まで腕を上げる

　アンダーハンドパスの際、多く見受けられるのが飛来してくるボールを待ちきれず、下半身が伸び、高い位置でボールを捕らえボールコントロールができないといった姿勢です。アンダーハンドパスは自分の最も力の入る位置でボールを捕らえることで安定し、ボールコントロールも容易になります。土台をしっかりつくりボールを送り出すことによって、次のプレイヤーに扱いやすいボールの供給が可能になります。

ハンド・オーバー・グリップ

フィスト・グリップ

アンダーハンドパスの実践

　アンダーハンドパスで重要なのは、オーバーハンドパスと同様にボールの正面にしっかり入ることです。そして、P13で述べたボールを捕らえるときの腕の位置・角度を安定させることです。ボールの正面とは自分のおへその前、または膝と膝の間ということになります。まずは、しっかり自分がボールに対して正面に向き合えるよう繰り返し練習してみましょう。

> ❶ 基本の構えからしっかりボールの正面へ入る
> ❷ 頭の高さを変えずに膝の動きを前後させ、ボールを前方へ送る
> ❸ わきの角度を90度以上腕を振り上げない

　とくにアンダーハンドパスで気をつけてもらいたいのが膝の動きです。ボールを上へあげようとしてパスの際に屈伸運動をしてしまう選手を多く見かけます。ネット際のボール以外は前方へボールを送りたいのですから、身体は後方から前方へ膝と頭の高さを変えずに移行させます。また、自分の左右にきた手の届く範囲のボールに対してもしっかりと移動し、腕の動きだけでボールを扱わないよう基本姿勢をマスターしましょう。

膝を後方から前方へ、頭の位置が変わらない

膝が上下運動してしまう

第2章

ディグ

1	ディグへの基本姿勢と準備	16
2	ポジショニング	17
3	強打ボールへの対応	18
4	軟打ボールへの対応	19
5	ダイビングとローリング	20
6	背後へのワンタッチボールの処理	21
7	オーバーハンドディグの対応姿勢	22
8	オーバーハンドディグの実践	23
9	3人でのディグ練習	24
10	3人ディグの実践	25
11	3人での役割分担のディグ練習	26
12	3人での役割分担によるディグ練習の実践	27
13	正対	28
14	チーム全体での正対	29
15	スリーマンディグ	30
16	スリーマンディグの実践	31
17	ハーフポジションに特化した練習法	32
18	強打・ワンタッチボールの実践	33
19	5人ディグ	34
20	ネットボールの処理	36
21	ネットを利用したプレー	37
22	ネットにあててセットアップする	38

第 2 章 ディグ 1

ディグへの基本姿勢と準備

　味方チームがディフェンス場面にある際は、常に強打・軟打といったどんなボールにも、360度方向のどこにでも動きをとれる姿勢と準備が必要です。この際にはまだ相手コートから繰り出されるボールの軌道、回転、強さもわからない予測の段階ですから基本の構えの状態が最も適した形になります。

- ❶ 基本の構えで姿勢を整える（P8参照）
- ❷ 頭を上下させず眼でボールを追えるように準備する
- ❸ 相手の動きをしっかりと観察し、どんなボールが繰り出されるか予測する

　また、相手がアタックによって攻撃体制にある場合、アタッカーの入り方、身体の向き、空中での姿勢、目線、スイング方向、味方のブロック状況を瞬時に把握し、繰り出されるボールを予測することが重要になります。ボールがくる前からアンダーハンドパスで対応しようなどと決めていてはいけません。

ポジショニング

　ここでは最もオーソドックスとさせる後衛陣におけるポジショニングを確認してみましょう。コー〫内に攻撃されてくるボールを、いかに落とさないようにするかの位置取りです。アタックライン、サイドライン、エンドラインからの距離を適切にし、後衛陣でフロアバランスをとります。

全体のポジショニングと各守備範囲

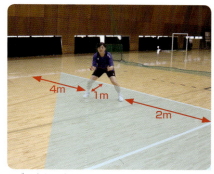

バックレフト

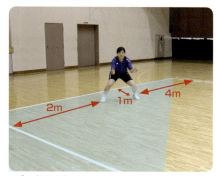

バックライト

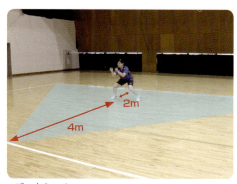

バックセンター

17

第2章 ディグ

強打ボールへの対応

　強打ボールはしっかりと腕を組み、きちんとしたディグ体勢からボールを処理できることがベストです。しかし、それらにこだわりすぎず、脚を含め身体のどの部分でもボールをヒットさせて、第一にボールを落とさないことも重要であるといえます。強打ボールに対応する際の優先ポイントは以下の通りといえます。

> **Point**
> ❶ どんな形でもボールを落とさない
> ❷ できる限りコートの範囲内に高く上げる
> ❸ コントロールできれば目標へ返球する

　強打ボールをコントロールして目標へきれいに返球することは非常に困難なスキルであるといえます。上記にあげた①を達成できればラリーが継続でき、次の攻防へ持ち込めます。②を達成できれば味方メンバーのいずれかがセットアップし、自チームの攻撃へと展開できます。③が達成できればより安定した攻撃パターンに持ち込め、得点のチャンスが格段にアップします。これらを念頭におきながら練習に取り組むとよいでしょう。

強打ボールのディグ

第2章 ディグ

4

軟打ボールへの対応

　実際のゲームではアタッカーによるアタックの打ち合いもさることながら、軟打ボールの正確な処理が自チームの切り返し（カウンター）回数の増減に大きく左右します。相手陣営の三段攻撃が成立しないと判断したときや、アタッカーの体勢から強打ボールが繰り出されることがないと判断できたときは、即座に軟打ボールへの対応準備をしましょう。

> **Point**
> ❶ 基本の構えから強打もしくは軟打の予測をする
> ❷ 軟打と判断できれば柔軟な姿勢へ移行し、脚を動かしてボールの正面へ移動する
> ❸ 余裕をもったパスを目標へ正確に返球する

基本の構えから足を動かす

　軟打ボールは、強打ボールに比べると適切に対処できれば自チームの攻撃チャンスを獲得できる可能性が高いのです。この処理を正確に行い得点につなげたいところです。

19

第2章 ディグ

ダイビングとローリング

　ダイビングとローリングは、身につけられれば各個人のディグ範囲が格段に広がり、チームとしても全体の守備範囲が拡大できるスキルといえます。したがって、どんなボールに対しても身体をうまく使いこなし、対応できるよう身につけておきたいものです。ここでは身体と床の接触順番と回転方向を示します。自然な流れで動きがとれるよう繰り返し練習してみましょう。

ダイビング

ローリング

基本の構えに戻り
次のプレーへ

　これらのスキルをより円滑に行うとともに、無我夢中でボールを追ってしまうことによるケガの予防のためにも、肘や膝用のバレーボール専用サポーターなどの活用をお勧めします。防具の活用によって、より安全にバレーボールに打ち込むことができます。

第2章 ディグ

6

背後へのワンタッチボールの処理

　頭上、もしくは背後にボールがきた場合、組み手もしくはワンハンドで処理することがあります。しかし、この方法だと重心の安定感もなく、また飛び上がってしまったりすれば確実なボールの返球はより困難となります。このような状況のときはできる限り床に足をつけて後ろへ振り向き、腕を組んだ状態でアンダーハンドパスを活用することで、返球ボールの安定性と対応できる範囲を拡大することができます。

❶ 肩より上でボールの処理をせず、落下点を予測する
❷ 180度後ろへ振り向きボールの落下点へ素早く入る
❸ 腕を振りすぎず、膝の動きでボールを目標へ送る

21

第 2 章 ディグ

オーバーハンドディグの対応姿勢

　自分の顔の正面やその上部、さらには肩周辺へきた強打ボールなどに対してはオーバーハンドでの対応に苦手意識を持っている方は非常に多いでしょう。しかし、この技術で対応できるのとできないのとでは、ディフェンスの際の守備範囲が大きく変わってきます。ポイントをしっかり押さえ、ボールをはじき返すのではなく、ボールの勢いをしっかり吸収し、上方へボールをコントロールできるように練習してみましょう。

❶ 手のひらをしっかりボールに向ける
❷ 手のひら全体でボールを捕らえる
❸ ボールをなでるようなイメージでタイミングよく逆回転を加える

　ディグ局面においては、面をしっかりとつくり目標への方向に向けてあげればボールの返球は容易になります。まずはしっかりと低い体勢で構え、胸元・肩・顔の位置にきたボールに対して手のひら全体でボールを捕らえられるように意識して取り組んでいきましょう。

第2章 ディグ

オーバーハンドディグの実践

　2人1組の対人形式で、一方は打ち手、もう一方はオーバーハンドディグを実践的に練習していきます。最初はボールをオーバーハンドで投げてあげるところから始めましょう。緩いボールから強いボールへ徐々に強度を増していき、最終的には1本ずつアタックヒットでボールを出してあげます。しっかりオーバーハンドディグの形ができるまで繰り返して練習を行いましょう。

対人形式でのオーバーハンドディグ

第 2 章 ディグ

3人でのディグ練習

　バレーボールの複合的な要素(セット・アタックヒット・ディグ)を盛り込んだ総合的な練習として2人組で簡単に行えるマンツーマンディグ練習(ペッパー)があります。しかし、これらの練習方法は2人の選手が対面的に実施するため、常に自分の前方(正面)からしかボールが繰り出されないことが欠点といえます。そこで、これに加え、より実践的な複合練習として3人の選手で行うディグ練習をご紹介します。

> **Point**
> ❶ 打ち手は軟打・強打ボールを織り交ぜ実践的にアタックする
> ❷ ディガーはしっかりと打ち手を観察し予測〜動作を素早くする
> ❸ セッターは大きな声でどこにボールを返球してほしいかを示し、ディガーに正対(P28参照)する

立ち位置と役割分担
左:アタックヒット&ディガー、中央:セッター、右:アタックヒット&ディガー

　2人の選手はマンツーマンディグ練習と同様に対面に位置し、その中間にセッターを加えます。この中間に位置する選手がディグの目標となり、両者にセットアップする起点となります。

第2章 ディグ

3人ディグの実践

　セットアップから開始し、一方の選手がアタックヒットしたボールをもう一方の選手がディグします。その際、返球を中間に位置するセッターを目標とし、セッターはディグされたボールを次にディグをした側の選手へセットアップします。つまり、ボールを戻すことになります。それをまた対面の選手に対してアタックヒットします。これを交互に繰り返します。

　これにより、正面方向からのセットをアタックヒットするのではなく、角度のつけられた位置から送られるボールをアタックヒットするといった、より実践に近い状況がつくられます。同様に、ディグ側も中間地点に位置するセッターへディグボールをコントロールする能力が養われます。一定時間を決めて交代で行うとよいでしょう（例：2分1ローテの3交代で1周）。

第 2 章 ディグ

3人での役割分担のディグ練習

　もう1つの練習方法をご紹介します。この練習方法では、3人の選手の位置関係は同様ですが、ボールのサイクルが一定になり、より各技術に特化した複合練習になります。1人の選手はアタック専門、1人はセットアップ専門、もう1人はディグ専門とその役割を限定します。

❶ アタッカーは前でボールを捕らえヒットするよう心がける
❷ ディガーは1プレーごとに身体が起き上がらないよう基本の構えを維持する
❸ セッターはボールの方向へしっかり正対（P28参照）する

立ち位置と役割分担
左：ディガー、中央：セッター、右：アタッカー

　これにより集中的にそれぞれのスキルに意識を向け取り組むことが可能です。アタックヒットを担当する選手は前ページのディグ同様、強打や軟打を混ぜながらさまざまなボールを繰り出してあげると、より効果的な練習になります。また、セッターもディグされたボールを常にアタックヒット専門の選手へ打ちやすいボールを供給できるよう、アタッカーの位置をしっかり把握して取り組むとよいでしょう。

26

3人での役割分担による
ディグ練習の実践

　セットアップから開始し、アタックヒット専門の選手はディガーめがけてさまざまなボールを繰り出します。ディガーはボールを落とさないようディグに集中し、目標となるセッターへボールを送ります。ディグされたボールを再度セットアップし、一定方向でアタッカーに向けてセットアップしていきます。つまり、ボールの流れる方向は一定のルートを描くことになり、スキルも分業化されます。

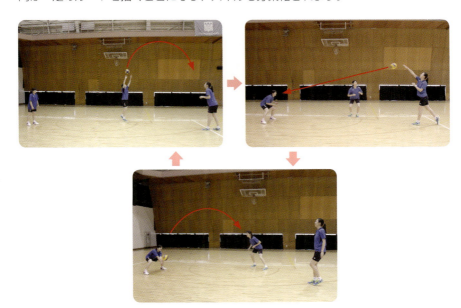

　応用するならば、目標となるセッターの位置をそれぞれ移動してみるのもよいでしょう。これも一定時間の交代で行い、全ての選手が全ての専門スキルを反復して取り組むことが重要だといえます。なぜならば、ゲームではアタッカーがセットアップを行うなど、全ての役割を担えることが求められるからです。

第2章 ディグ　　　　　　　　　13

正対

　バレーボールにおいて「正対」するという動きは、多くの場面で重要になります。飛来してくるボールに「正対」して対応したり、パスを送り出す際に目標方向に「正対」するというのは基本的な動きになります。自分以外の選手がさまざまなボールに対応しているときも、ボールをつなぐ、フォローすることを念頭に必ずボールの方向へ「正対」し、ラリーを継続させなければいけません。

❶ ボールの飛来方向へ必ず身体を向ける
❷ 顔や眼だけでボールを追わない
❸ どんなボールにも対応できるよう基本の構えの姿勢をとる

顔を向けるだけでは正対したことにならない！

28

第 2 章 ディグ

チーム全体での正対

　バレーボールは、ボールに接触する選手は1人のみですが、ボールに触れない選手の動きも非常に重要になります。ゲーム中は、次の選手へ正確にボールをコントロールできる場面ばかりではありません。チーム全体でいつでもフォロー（カバー）できるよう準備しておくことが、ボールを落とすことなくラリーを継続させることにつながります。

ディフェンス体勢から正対

　コート内の選手は、ボールに接触している味方選手に対してしっかり「正対」（＝身体を向ける）し、「いつでもどんなボールでもフォローできる体勢」をあらかじめ準備しておくことでチームプレーが成立します。ボールをつなぐ役割を担うのはコートの中にいる選手全員です。ボールがこないから「自分は関係ない」「私のボールではない」ではなく、チーム全体でボールをつなげられるよう取り組みましょう。

第2章 ディグ

スリーマンディグ

　この練習法の特徴は、個々人のディグスキルの発揮のみならず、3人の選手の連携が常に要求されます。各守備範囲におけるボールを処理する選手の明確化と3人の連携・コミュニケーション、そして1人の選手の動きのみに頼らない「正対」やフォロー（カバー）、選手の連動した動きのシンクロによりチームのディフェンス力を大きく伸ばすことが可能な練習です。

① 各ポジションによる守備範囲の確認
② ボールに接触しない選手の動き
③ 3人の選手の連携・コミュニケーション

　ここで意識してもらいたいことは、スリーマンディグにも弱点があるということです。それは地に足をつけたコーチから繰り出されるボールが、必ずしも実践にそのままリンクしないところです。バレーボールは、ネット型攻防の競技であり、全てのボールは相手陣営のネットの高さ以上からしかボールはきません。よって、この練習法を実践する際は、上記ポイントをしっかり把握し、特性を理解して取り組みましょう。

スリーマンディグの実践

　スリーマンディグの実践により3人の選手のポジショニングと守備範囲の確認を繰り返しましょう。コーチを前衛センターポジションに配置し、そこからコーチはさまざまなボールを繰り出します。返球の目標もコーチとなり、3人の選手の連携でボールをつなぎ、コーチは返球されたボールを継続して練習を行います。できるだけ長く、1本でも多くボールをつなげられるよう声をかけ合って取り組みましょう。

ハーフポジションに特化した練習法

　9人制バレーボールの特徴の1つであるハーフポジションに入る選手は、近距離でのオーバーハンドディグや、ワンタッチボールを瞬時にセットしてアタッカーに供給する判断とスキルが頻繁に求められます。しかし、チーム全員のメンバーにも求められるスキルともいえますので積極的に取り組んでいきましょう。

Point
① 基本の構えで準備をする
② ディグしない選手は瞬時にセットアップの準備に入る
③ ワンタッチボールは直接ハイセットし、トスとして供給する

ハーフライン位置に2人の選手を配置

強打・ワンタッチボールの実践

　コーチからどちらかに繰り出されるボールに対し、ディグされたボールをもう1人の選手が確実にセットしてアタッカーに供給します。コーチから故意にワンタッチボールをつくり出されたボールは、瞬時にディグ体勢からセットアップ体勢に移行し、直接セットします。ワンタッチされたボールであってもスピードがさほど落ちず強打ボールに近いものに関しては、最低限、自分の直上に上げることを目標としましょう。

強打ボールへの対応　　　　　　　　　　　ワンタッチボールへの対応

第 2 章 ディグ　　　　　　　　　　　　　　　　　19

5人ディグ

　これもまた9人制バレーボールに特化したディグの練習法です。コーチから繰り出されるボールに対してハーフの選手が処理するのか、もしくは後衛の選手に任せるのか、さらには後衛の選手同士のどちらが処理するかなどの確認ができます。加えてボールに接触しない選手の動きや連携など複合的な練習法にもなります。各チームで再度ディフェンスシステムの約束事などを確認しながら練習を反復するとよいでしょう。

5人のポジショニング

　P30の練習法で説明した通り、この練習法にも弱点があることを認識しておいてください。あくまでコーチの高さからしかボールが繰り出されないので、練習ではネット上段の空間からボールが飛来してくることを念頭においてください。よって、この練習法も先ほど同様に各チームのディフェンスシステムの構築や確認と捉えてもらえればよいでしょう。

コーチがレフトサイドに位置する。5人でボールをつなぎディグからセットアップを繰り返す

コーチがライトサイドに位置する。レフトサイド同様

第 2 章 ディグ 20

ネットボールの処理

　ネットにかかったボールの対応は非常に難しいスキルとなります。しかし、余裕をもって対処すればしっかり次のプレーにつなげることが可能です。プレイヤーはボールをネットに向かって追った際、ついネットに正対してしまうのが本能です。しかし、この際の身体の向きとボールとネットの接触位置の見極めがしっかりできればボールの落下点も容易に予測できます。

❶ ネットに対して正対せず、45度の方向に入る
❷ ボールとネットの接触位置によりボールの落下点を見極める
❸ 味方コートにボールを戻す軌道で対応する

ネットに対する身体の向き

ネットとボールの接触位置とそのボールの落下点

ネット上段の場合
比較的垂直方向にボールは落下する

ネット中段から下段の場合
味方コートに戻り気味にボールは落下する

36

第2章 ディグ

ネットを利用したプレー

　9人制バレーボールの熟練プレイヤーは、そのルール特性を存分に活用し、ネットを利用したプレーを確実に成功につなげます（9人制ルール※）。よって、故意にボールをネットに接触させる際、前ページで述べたような特性をよく踏まえた上で取り組み、その後の対応がしやすくなるようにし、このルールを有効に活用できるスキルを身につけたいものです。

❶ ディグされたボールをネットのどこに接触させるか瞬時に判断
❷ ボールをネットに接触させると同時に自身の対応姿勢の準備
❸ 余裕をもって味方コートにボールを戻す

　とくに1打目のディグされた返球がネットに近く、セットアップが困難な場合などに有効なプレーといえます。無理な処理を試みてミスを発生させるより、落ちついた判断により次のプレーへつなげることが大切です。

※9人制ルール
ボール接触時の条件：競技者が、ボールに触れると同時にそのボールがネットに触れた場合及びすでにネットにかかっているボールに触れて、同一競技者が再びそのボールに触れてもドリブルにはならない。
「2010年度版9人制バレーボール競技規則（財団法人日本バレーボール協会審判規則委員会）より一部抜粋」

第 2 章 ディグ

ネットにあてでセットアップする

　前ページで述べたルールを活用して、そのままセットアップする高度なスキルがあります。これも熟練プレイヤーになると頻繁に活用し、セットとしてアタッカーにボールを供給するシーンもしばしば見られます。これについても反復して練習を行うことで徐々にポイントもつかめてくると思います。積極的に取り組んでみましょう。

❶ ネットの下段にボールを接触させる
❷ 味方コートに戻るボールの落下点を予測し、セットの体勢をとる
❸ 低い姿勢から積極的にオーバーハンドパスを活用してセットアップを行う

　このスキルも自分でボールを一度ネットに接触させます。味方コートに戻ってくるボールに対して予測ができないような接触の仕方はミスにつながります。ネットは平面の板ではありませんので、その特性をよく理解して余裕をもってネットボールに対応しましょう。

身体をひねってネットに強くボールを打ちつける

38

第 **3** 章

サーブ

1	サーブの考え方	40
2	サーブにおける重心と体重移動	41
3	ボールを捕らえるポイント	42
4	サイドハンドサーブ	43
5	オーバーハンドサーブ（フローターサーブ）	44
6	ジャンプサーブ	45
7	ジャンプフローターサーブ	46
8	ドライブサーブ	47
9	戦術的に有効なサーブの考え方	48
10	９人制におけるルールを活かしたサーブ	50

第3章 サーブ　1

サーブの考え方

　バレーボールは、全てのラリーをサーブから開始します。そして、その良し悪しがチームの勝敗に大きく影響することはいうまでもありません。今日のサーブの考え方ですが、6人制においては、1999年のラリーポイント制の導入以来、サーブの捉え方が大きく変わりました。競技レベル・ゲームの状況によってその考え方は異なってきます。サイドアウト獲得率の高いゲームでは攻撃的サーブが必要であり、サイドアウト獲得率の低いゲームでは、失点しないことが必要となってきます。また、9人制においても上記と同様のことがいえますが、とくにルール上、9人制はファーストとセカンドといったように1本のサービスにつき2回のチャンスが与えられています。よって、1回目の失敗が許され、これが直接相手チームのポイントには直結しないといった特徴があります。1回目のサーブはミスを恐れず思い切ったトライが可能です。まずはここで相手のレセプションを崩したいところですが、もしこれをミスした場合、2回目はより慎重にサービスを行い2回連続のミスによって相手チームのポイントとさせないことが重要になります。これらを踏まえて各場面、各チームの戦術などによっても個々人のサーブスキルを高めておきたいものです。

※9人制ルール
サービス：サーバーは、サーブを最大2回まで許される。
「2010年度版9人制バレーボール競技規則（財団法人日本バレーボール協会審判規則委員会）より一部抜粋」

第3章 サーブ

サーブにおける重心と体重移動

　サーブは、バレーボールにおいても最も距離を長くボールを飛ばすスキルになります。とくに初心者においては、ボールをエンドライン後方から9m以上、かつ角度を前方上方向に向けて放つというのは非常にパワーを必要とします。この際、上半身の力のみならず、重心や体重移動の力を利用してより威力の強いボールを放ちたいところです。まずはしっかりと身体の特性を理解して、重心移動における動きを習得してください。

Point
1. 大きな動きで重心の移動を意識する
2. 重心を後方から前方へ移動させる
3. 右利き→右足から左足へ、左利き→左足から右足へ体重移動させる

サイドハンドサーブ

オーバーハンドサーブ（フローターサーブ）

ボールを捕らえるポイント

　ボールを腕もしくは手のひらのどこにヒットさせるかによって、その軌道、球種も大きく変わってきます。まずはボールの中心に対して各ポイントをしっかりヒットさせられるよう、トスアップしたボールから眼を離さないことが重要になります。このヒットポイントがずれてしまうと思い描いた軌道にボールを飛ばすことは難しくなります。ボールをコントロールする上で非常に重要なスキルになります。

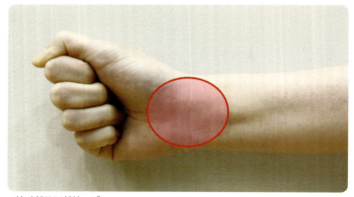

サイドハンドサーブ

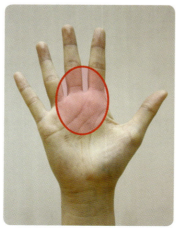

オーバーハンドサーブ
（フローターサーブ）

第3章 サーブ

サイドハンドサーブ

①エンドラインに対して直角になるように構えます。腰を少し落とし、下半身の安定を図りながら正面にボールを構えます
②トスは胸あたりの高さで抑えます。トスが高すぎるとボールの中心をヒットすることが非常に難しくなります
③トスと同時に重心を後方から前方へ移動させます
④重心移動した足（右利きの場合左足）を前方に約半歩振り出し、ボールをヒットします。その際、振り出し足は若干つま先を開くようにします（斜め方向）

トスの位置

　ボールは、セットした状態からそのまま直上にトスアップします。少しでも前方や他の方向にトスアップしてしまうとフォームのバランスを崩してしまいます。サーブではこのトスアップが非常に重要になってきます。サーブがうまくいかない、ミスしてしまう原因にはこのトスアップのミスが多く見受けられます。トスアップのみの練習を繰り返し積んでから、サーブスキルの習得に移行していきましょう。

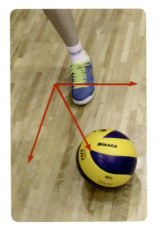

オーバーハンドサーブ
（フローターサーブ）

①エンドラインに正対するように構えます。その際、前方へ振り出している足のつま先の方向が、ボールが軌道を描いていく方向になります
②トスの高さをできるだけ抑えてトスアップしますが、同時に重心も後方から前方へ移動させながら前の足を約半歩前方へ振り出します
③踏み出す足のつま先を思い描く目標（もしくはコース）に対してしっかり向けられるよう意識しながらボールをヒットします
④力強く前方へ押し出すようなイメージでスイングします

トスの位置

　オーバーハンドサーブ（フローターサーブ）のトスの位置は、前ページのサイドハンドサーブとは異なります。右利きの例でいくと、トスは重心移動して前方に出た際、そのまま右腕が振り下ろせる位置にトスします。左腕でトスを行うことが大半かと思いますが、そのまま直上（左足前方）にトスしてしまうとフォームのバランスを崩してしまい、サーブミスにつながります。まずは前ページ同様、トスアップだけの練習に取り組んでみましょう。

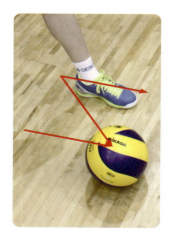

第3章 サーブ

ジャンプサーブ

①助走に必要とするエンドラインからの距離を確保する
②左足の振り出しと同時に重心を前方に移動させ、トスアップ体勢に入る
③トスアップ直前のボールが視野から外れないように注意する
④〜⑦力強いジャンプからボールを身体より前方で捕らえボールをヒットする
⑧着地がコート内となるように全身の力を前方向へ向ける

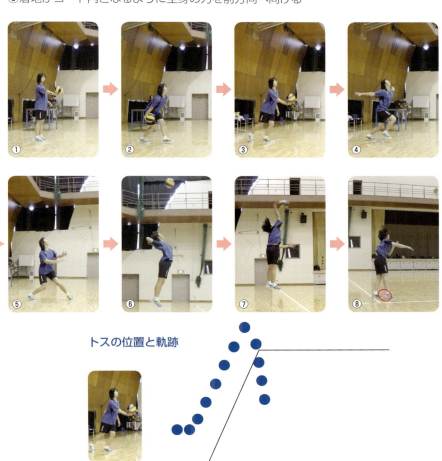

トスの位置と軌跡

ジャンプフローターサーブ

①助走に必要とするエンドラインからの距離を確保する
②助走に入りジャンプの直前に小さくトスアップ
③タイミングを合わせて力強くジャンプ動作を行う
④肘の位置を高くし、ボールをより高く身体の前方で捕らえヒットする

前方へ移動するジャンプフローターサーブ（両手でトスアップ）

斜め前方へ移動するワンレッグジャンプフローターサーブ（ワンハンドトスアップ）

ドライブサーブ

①エンドラインに対して直角になるように構えます。腰を少し落とし、下半身の安定を図ります
②トスは頭上を目標とし、前後に幅広くぶれないよう注意します
③肘をしっかり伸ばし固定した状態で、身体全体の力を後方に溜め込みます
④身体の最も遠くを利き手が通過するようにし、重心を後方から前方へ移動させながらタイミングよくボールをヒットします
⑤ボールに強いトップスピンが加わるよう、フィニッシュまでボールを巻き込みます

第3章 サーブ

戦術的に有効なサーブの考え方

　各競技レベルによっても異なってきますが、1つのセットで個々人がサービスする平均本数は2〜3本（ブレイクできなかった場合やジュースにならなかった場合、6人制においては最大でも4回）程度です。この少数のチャンスの中、サーブミスを出せば出すほど必然的に相手チームは優位にセット獲得に近づいていきます。チーム全体でのサーブミス本数は最低限に抑え、ラリーで得点獲得の攻防を展開したいものです。

Point
① どの種のサーブを打つか
②「どこ（場所）」もしくは「特定の誰か（人）」を狙うのか（位置とターゲットの特定）
③ ミスを恐れず得点を狙うのか、確実にミスを避けるのか

　サーブは選手それぞれが個性と特徴を十分に発揮できる個人スキルともいえます。他者と同じである必要はなく、独自のサーブスキルを身につけましょう。さまざまなサーブスキルを備えた選手が集団となったとき、チーム全体で効果的なサーブが期待できます。

サーブの狙いどころ

前衛の選手
ショートサーブなどを活用し、とくに相手チームのエースアタッカーなどにレセプションをさせることによってアタックヒットの体勢を成立させないようにします。

コース　右奥、左前（セッターの背後）、選手間
コートの中心を避けたライン際や選手間など容易にレシーバーを特定させない位置を狙います。また、レセプションがセッターの背後からくるボールのセットアップは非常に高度な技術を必要とします。

全選手の左サイド
プレイヤーの多くは右利きです。選手は当然自分の右側のボールを得意とする（反応がいい・身体の使い方が得意）といえます。よって、相手選手の特性をチェックしながら得意としていないであろう逆側を狙うことも有効です。

第3章 サーブ

9人制における
ルールを活かしたサーブ

　先にも述べたように9人制においては1本のサービスにつき2回のチャンスが許されています。この特性を有効に活用するべきといえます。セット21点先取であることから、おのずと9人の選手が順番にサービスを行ってもそのチャンスは平均1人1本、多くて2本（ブレイクした場合を除き）程度です。この少ないチャンスを活かすためにも各プレイヤーに与えられているチャンスを活かし、チームの得点に貢献したいところです。

❶ ファーストサービスは直接サービスポイントが獲得できるよう試みよう
❷ セカンドサービスは相手の攻撃パターンを限定させるようなサーブを試みよう
❸ 積極的に相手前衛プレイヤーにレセプションをさせよう（ポジション固定制の特性により、後衛にはディグに特化したプレイヤーが配置されている）

第 4 章

レセプション

1	レセプションの考え方	52
2	レセプションの基本姿勢	53
3	レセプションの実践	54
4	レセプションの目のつけどころ（着目点）	56
5	オーバーハンドによるレセプション	57
6	レセプションにおける オーバーハンドレシーブのフォロー	58

第 4 章 レセプション

レセプションの考え方

　バレーボールは、「サーブで相手チームのレセプションを崩し、攻撃バリエーションを制限させる」vs「強いサーブ・変化球サーブにしっかり対応し、目標となるセッターへ確実にレセプションを返球して理想的な攻撃をしかける」という攻防が繰り返されます。セッター以外の全員でレセプションを行うというオーソドックスな発想も、今日ではそれに特化した選手のみでレセプションを行うという形に変化しています。とくに国際レベルや国内トップリーグにおいては、6人制ではリベロプレイヤー（守備専門）を含めた3人の選手でのレセプションに少人数化され、役割が分業化されています。レセプションが確実に成功すればサイドアウト獲得率も男子で8割、女子で6～7割まで見込めるという研究報告もあります。

　ラリーポイント制では、レセプションは「攻撃の起点＝攻撃はレセプションから」といえます。日頃のアタックコンビネーションや多彩なバリエーションもレセプションがセッターへ確実に返球されてこそ発揮できるものです。このレセプション能力を高めることは、より高度なバレーボールを展開できることにつながります。

第4章 レセプション

レセプションの基本姿勢

　レセプションの構えやフォームは、ディグの基本姿勢とさほど変わりはありません。しかし、レセプションの場合、強打ボールと違ってサーバーとの距離が長くなる分、ボールが手元に届くまでの時間も長くなります。そのため、強打ボールに対して必要となる「敏捷性」の代わりにレセプションでは「洞察力」が重要になってきます。サーバーの様子、サービスボールの軌道や球質を注視しながら、いち早い段階で落下地点を予測してレセプションの準備姿勢を整えられるかが重要になります。

Point
❶ レフェリーのホイッスル前から構えない
❷ 相手サーブの特徴を見極めポジションを取る
❸ サイド・エンドラインとの距離を確認する（アウトボールのジャッジ）

基本姿勢

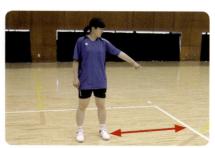

サイドラインの位置確認

エンドラインの位置確認

　上記ポイントにもあげましたが、レフェリーのホイッスル前から基本の構えを取ってしまうと、実際のレセプションの場面ではすでに身体が浮いてしまい（起き上がってしまい）よりよい状態での対応ができなくなってしまいます。サーバーの動きもしっかり観察しながらほどよいタイミングで構えの姿勢に入るとよいでしょう。

第 4 章 レセプション

レセプションの実践

　ボールの球質・落下地点を予測するために、サーブが打たれる前の段階で以下のポイントに注意しておくことが重要です。また、たとえよい予測ができたとしても、実際のレセプションまでの一連の動作がおろそかになってしまうとよい返球をセッターへ送ることは難しくなります。そして、アンダーハンドパスの基本をしっかりと意識して対応していくことが大切になります。

Point
① サーバーの視線の先や振り出されたつま先の向いた方向に注意する
② サーバーの打ち方（サーブの種類）からボールの速さ・球種を予測する
③ ボールがネットを通過する時点で落下点に入っておく

　また、サーバーの視線とつま先の向きが異なる場合、サービスボールはつま先の方向に飛んでくることが多いと考えられます。球種に関してはとくにトップスピンの加えられたドライブサーブなのか、不規則に変化する無回転サーブなのか瞬時に見極めることがレセプションの成功につながります。

レセプションは、放たれるボールの飛距離が長いため逆に準備体勢を整える時間に余裕があるといえます。目標に対してしっかり正対すること、もしくは多少体勢が崩れてもアンダーハンドの面をしっかり目標に向けておくことが重要です。また、返球するボールは、セッターにとってセットアップしやすい緩やかな軌道を描けるボールを送り出せるよう練習に取り組んでいきましょう。

身体の方向図

第 4 章 レセプション

レセプションの目のつけどころ
（着目点）

　著者には次のような研究成果があります。大学生選手を対象に、ボールに5cm四方の数字を記入し、選手はその数字をコールしながらレセプションを行い、一定期間ごとに数字の大きさを4cm四方、3cm四方と小さくしていきました。これを3カ月間週3日、1日につき各20本のトレーニングを継続したところ、スポーツビジョン検査において「深視力」が大幅に改善され、かつスキルテスト（レセプション返球テスト）においても非トレーニング群よりも技術向上がみられました。つまり、ボールを漠然と注視するのではなく、より焦点を絞ってボールを眼で追い続けることが成功率を向上させられるということです。

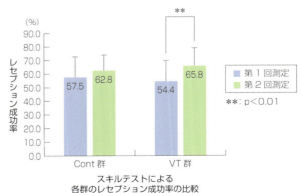

スキルテストによる
各群のレセプション成功率の比較

　日頃の練習時からボールの中心部やメーカーロゴの一部など、より見るところを絞ってレセプションに取り組んでみてください。最も重要なのは飛来するボールから目が離れない（目が切れない）ことです。

第 4 章 レセプション

オーバーハンドによる
レセプション

　レセプションをオーバーハンドで対応する場合、とくに強いサーブに対応するときは P22、23 の対応姿勢を参考にするようにしてください。しっかり足を地につけ、基本姿勢を確立した状態でボールへの対応を行うことが重要です。とくにフロントポジションでオーバーハンドによるレセプションをする場合、後ろの選手とのコミュニケーション（声のかけ合い）も大切になります。決して飛び上がってオーバーハンドディグでの対応をせず、そのような高さの軌道のボールは、前後の連携により後衛選手に任せるようにしましょう。

バックに任せる例

　前後の連携の際には、バックポジションのプレイヤーからのコール（声かけ）が重要になります。フロントポジションのプレイヤーが自身の背後の動きを把握することは、身体を反転させ視野角度を変える動作が必要で非常に困難です。バックプレイヤーの視野は、フロントプレイヤーの動きも十分認知できる範囲にあります。積極的にバックポジションからの声かけを心がけて取り組んでいきましょう。

第4章 レセプション

レセプションにおける
オーバーハンドレシーブのフォロー

　前ページの注意点に加え、さらに気をつけなければいけないのがオーバーハンドレシーブでの処理ミスです。威力の強いボールにとっさに手を出し処理しようとすると、背後へそらしてしまうミスにつながりやすいです。以下2点について注意を払い、直接失点を防ぎましょう。

❶ フロントプレイヤーがオーバーハンドで処理を試みた時点で、バックプレイヤーはそのフォロー体勢に入る
❷ バックプレイヤーがオーバーハンドで処理を試みた時点で、そのサイドのプレイヤーは背後に回りフォロー体制に入る

オーバーハンドレシーブミスのフォロー動作

　これらにより、万が一背後にボールをそらした場合でもチームの連携によりハイセットやつなぎのプレーに移行でき、直接失点を防ぐことができます。

第 5 章

セット

1	セッターにおけるセットパフォーマンス	60
2	パスとセットの違い	61
3	セッターの基本姿勢	62
4	ネットからの距離	63
5	セッターのステップワーク	64
6	ネットに近いパスの対応	65
7	レフトサイドへのセットアップ	66
8	ライトサイドへのセットアップ（バックトス）	67
9	センターへのセットアップ	68
10	ファースト・テンポのセットアップ	69
11	オーバーハンドでのハイセット	70
12	アンダーハンドでのハイセット	72
13	トスフェイント・ツーアタック	74

第 5 章 セット　　1

セッターにおける
セットパフォーマンス

　セッターは攻撃の大半を展開する起点であり、通常のパス以上の高度な技術が要求されます。とくに高さ、軌道の修正などによりアタッカーに最もよい状態でアタックさせるためには、トスアップによるゼロコンマ数秒の時間のコントロールが求められます。

　また、バレーボール競技の発展に伴い、男子国際レベルの攻撃は、セッターとリベロを除いた4人のアタッカーが一斉にファースト・テンポのタイミングで助走し、時間差でなく位置差で攻撃をしかける「同時多発位置差攻撃」など組織的攻撃戦術が展開されています。その成功の鍵となるセットの重要度も増してきます。バレーボールはルール上、3回の接触（ブロックを除く（6人制））が認められています。3回の接触によって攻撃につなげるためには、セッターを経由して攻撃を組み立てる必要があります。当然セッターのボール接触は他のプレイヤーよりも数倍も多くなるためその役割は重要といえます。より多くのトレーニングを積んでアタッカーの持ち合わせているスキルを最大限に発揮させたいものです。

第5章 セット

パスとセットの違い

　「パス」とは、ボールを次の人につなぐ技術の1つであり、バレーボールの最も基本的なスキルといえます。このパスの応用が、三段攻撃の1打目ではレセプションやディグというパフォーマンスになり、2打目においてはアタッカーへボールを供給する「セット」と言い換えることができます。つまり、総合的に捉えればバレーボールは、パスの連携であると解釈できるでしょう。「セット」とは、味方のアタックパフォーマンスを発揮させ、攻撃へと移行させるためのパスを抽出して示しています。とくにパス（レセプションやディグ）を受けたボールを次にセットとして供給するポジションを「セッター」と位置づけ、そのセッターは三段攻撃の2打目を専門的に扱います。これにより、自チームの攻撃パターンの確立や多彩なコンビネーションの導入が可能となります。ゲームでは、セッターのみならずコート上の他のプレイヤーもセットを行う状況が多く（ハイセットを含む）、パスとトスをすみ分けたスキルの習得が求められます。

第5章 セット　3

セッターの基本姿勢

　セッターは、基本的には自チームの2打目を取り扱うわけですが、必ずしも常に望むようなパスが受け渡されるわけではありません。理想の返球ではないボールの対応も十分できる準備が必要になります。ディグの基本姿勢と同様に、自チームのレセプションやディグの返球ミスを修正してどのようなボールにも対応できる体勢を瞬時に整えておくことが重要になります。

> **Point**
> ❶ 腰を落としてさまざまなボールに対応できるように準備する
> ❷ ボールに対して正対して構える
> ❸ パスを供給するプレイヤーに対してターゲットとなる自分の位置を明確に示す

セッターの立ち位置
　大半のチームがセッターは、ネット中心よりもライト側にポジションを取っていると思います。これはプレイヤーの多くが右利きである特性を加味して習慣化されたものです。決して決まり事ではないことから、チームを構成するプレイヤーの特性に合わせてセッターのポジショニングも考えてよいと思います。セッターの位置取りによってはレセプションやディグの返球目標も変わってきます。固定的な概念にとらわれず柔軟に捉えていきましょう。

基本姿勢
左：腰を落とした姿勢で準備する
右：棒立ち

セッターの立ち位置

第5章 セット

ネットからの距離

　セッターは、チーム内でも最もネットに近い位置でプレーを繰り返します。セッターは、ネットとの距離を十分に確保し、その位置を明確に他のプレイヤーに示すことによって、レセプションやディグの目標としてポジショニングを取ることが重要です。

① ネットから片手を伸ばした程度の距離を確保する
② ネットと自分の距離を常に確認する（セッターはネットに対して背を向けることが多いため）
③ ネットがプレーの妨げにならないよう近づきすぎないようにする

ネットからの距離をしっかり確保する

ネットに近づきすぎると
プレーも窮屈になる

第 5 章 セット

セッターのステップワーク

セッターは、さまざまなボールに対して素早く移動し、セットの体勢をいち早く準備できることで安定したセットアップへつながります。基本的なステップワークを繰り返し練習し、リズムよくスムーズな動きでセットアップが行えるよう取り組んでいきましょう。

Aパスへの対応

左足から右足への体重移動

ネットから離れたBパスやCパスへの対応

左足から出て4歩で

※Aパス：セッターの定位置（セッターが移動してパスを待っている位置）に的確に返球されたパス。
　Bパス：セッターが定位置から半径1〜2m以内に返球されたパス。ほぼすべてのスパイクオプションが使用できる。
　Cパス：セッターの定位置に返球されず、サード・テンポの攻撃のみに限定されるパス。

第5章 セット　　6

ネットに近いパスの対応

　ネットに近いパスが受け渡された場合、通常の基本ステップだと身体がネット方向へ流れてしまいセットアップをより困難なものにしてしまいます。その際には、下半身のステップを入れ替え、しっかり右足に体重をかけることで自身の力を垂直方向（上方向）に向けてやり、可能であればジャンプトスでの対応を試みましょう。

右足　　　　　　　　　　左足　　　　　　　　　ジャンプ→セット

　この際に注意したいのが、ジャンプと同時にセットアップではなく、ジャンプをして空中姿勢が整ったところでセットアップを行うということです。目標となるセッターの定位置に常にＡパスが受け渡されるというのもなかなか難しいのです。どんな返球にも対応できるよう、コーチやチームメイトにネットに近いボールを何度も出してもらいながらこのスキルの習得にもトライしてください。

第 5 章 セット

レフトサイドへのセットアップ

　基本ステップでボールの落下点に入り、右足へ体重移動させながら全身でセットアップを行います。また、ジャンプトスを行う場合は空中での姿勢が崩れないように注意し、セットアップ直前に空中で一瞬の間がとれるようタイミングを見計らってジャンプ動作を行いましょう。

左足

右足→落下点に入る→セット

セットアップ

ジャンプトスでのレフトサイドへのセットアップ

落下点に入る

ジャンプ→セット

セットアップ

第5章 セット

ライトサイドへのセットアップ
（バックトス）

　バックトスでライトサイドへセットアップする際も、レフトサイドに正対し、左足で体重移動させながらセットアップします。親指にしっかりボールを乗せ、手首の返しを意識して取り組んでみましょう。また、ジャンプトスもレフトサイドへのセットアップと同様の姿勢を維持してセットアップできるように取り組んでみましょう。

左足

右足→落下点に入る→セット

セットアップ

ジャンプトスでのライトサイドへのセットアップ

落下点に入る

ジャンプ→セット

セットアップ

第5章 セット

センターへのセットアップ

　センターへのセカンド・テンポ、もしくはサード・テンポのセット出現頻度は決して少なくありません。センターからの攻撃は、アタックの範囲が広く多方向への攻撃が可能です。しかし、サード・テンポの攻撃はブロッカーの集合もサイドに比べるとしやすいため、3枚ブロックシステムをとられる可能性も大であることを考えなければいけません。センターへはより正確なテンポと位置を示してセットアップを行いアタッカーへつなげたいものです。

落下点に入る

セット

セットアップ
（全身の力を直上方向へ）

センターへのセットアップにおける悪い例

自分の真上にセットアップし、1歩下がってしまう

68

第5章 セット

10

ファースト・テンポの
セットアップ

　ファースト・テンポのセットアップには非常に高度なスキルが求められますが、これが活用できるのとできないのとではチームの攻撃バリエーションが大きく変わります。アタッカーとコミュニケーションをとりながら、息の合ったコンビネーションを展開できるよう取り組んでみましょう。また、アタッカーとタイミングを合わせていくためにも積極的にジャンプトスでのセットアップにトライしていきましょう。

落下点に入る

ジャンプ→セット

セットアップ
自身の高いところでボールを捕らえ、ボールを白帯より上に出す

　また、このセットアップの際に注意したいのがボールの軌道です。セッターの身体がネットと垂直方向に向いていないとボールをアタッカーの手元に運ぼうとして、セットアップがネットに寄ってしまいアタックも非常に難しくなってしまいます。さらにはタッチネットの危険もあるので、セッターはセットアップをネットに近づけすぎないよう注意して練習してみましょう。

69

第5章 セット

オーバーハンドでのハイセット

　ハイセットを行う際、アタッカーまで距離があったり、高く上げようとするとアンダーハンドでのセットアップを優先してしまいます。また、不規則な回転のかかっているボールを平面（アンダーハンド）で捕らえるのは非常に難しく、ボールコントロールもしづらいものです。逆に指を使い、立体的にボールを捕らえることのできるオーバーハンドでのセットアップはコントロールしやすく、より安定したボールを供給できます。自分の頭より高くきたボールに対しては積極的にオーバーハンドでハイセットを試みるようにしましょう。

❶ いち早くボールの落下点に入りセットアップ姿勢を整える
❷ 身体に最も近いところでボールを捕らえる
❸ 膝・肘・手首を連動的に動かしボールを飛ばす

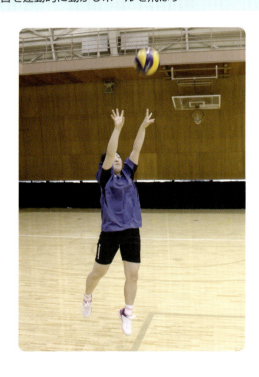

落下点を予測

落下点へ入る

セット
ボールを引きつける

セットアップ
膝・肘・手首を連動させタイミングを合わせて力を上方向に向ける

第 5 章 セット

アンダーハンドでのハイセット

　基本的には、オーバーハンドでハイセットを供給することを第一に試みることが重要です。しかし、アタッカーまでの距離があったり、高い放物線軌道が必要なときにアンダーハンドでのハイセットも重要な技術となってきます。このことを踏まえアンダーハンドでセットを供給する際は慎重にボールを処理することが求められます。
　アンダーハンドで処理せざるを得ない場面として以下のことが考えられます。

①ディグなどのファーストタッチボールが低すぎてオーバーハンドで処理できないとき
②自分のオーバーハンドパスでの能力よりも距離と高さを要するとき
③6人制におけるリベロプレイヤーがフロントゾーンでトスを行わざるを得ないとき

❶ 落下点へ素早く入り、ボールの進行方向へつま先をしっかり向ける
❷ 膝の動きと腕の振りでボールを飛ばす
❸ フォロースルーでボールの進行方向をコントロールする

落下点へ入る

つま先をボールの進行方向へ向け、ボールの落下にタイミングを合わせる

膝の動きに合わせ腕を上方へ振り上げる

　アンダーハンドでのハイセットの場合、ある程度腕を振り上げたほうが安定したボールを供給でき、さらには距離と高さを出すことができます。しかし、肩の高さ以上でボールを補らえてしまうと、ボールの方向が自分の後方へ向かってしまいます。ボールを送りたい方向にしっかり正対し、次にボールを扱うプレイヤーが対応しやすいセットを供給できるよう取り組みましょう。

73

第5章 セット　13

トスフェイント・ツーアタック

　ラリー中、セッターが前衛ポジションの際は、トスフェイントやツーアタックによって十分に得点のチャンスがあります。セッターは相手ディフェンスシフトを瞬時に判断し、空いたスペースにボールを落としにいきます。相手ディフェンスは基本的に三段攻撃を想定しての準備に気が向いてしまいがちです。その隙をつく攻撃は非常に有効になり、自チームの攻撃バリエーションが広がります。セッターは常にセットアップの姿勢からこれらを試みることができるよう練習を積んでいきましょう。

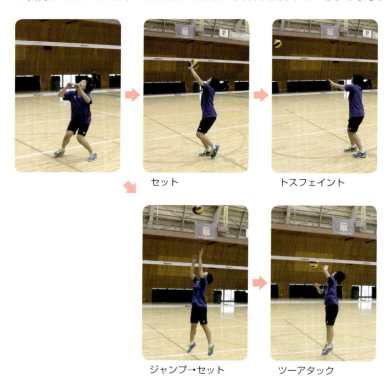

セット　　トスフェイント

ジャンプ→セット　　ツーアタック

　ただし、スピードのない山なりのボールを返球してしまうと、逆に相手ディフェンスも対応に余裕ができてしまいチャンスボールになってしまいます。積極的に攻撃の一戦術ということを念頭にトライしていきましょう。

第6章 アタック

1 スパイク　　　　　　　　　　　　　　　　　76
　（助走→踏み切り→スイング→ヒット）
2 フェイント　　　　　　　　　　　　　　　　78
3 セカンド・テンポのアタック　　　　　　　　80
4 サード・テンポのアタック　　　　　　　　　82
5 ファースト・テンポのアタック　　　　　　　84
6 ハイセットからのアタック　　　　　　　　　88
7 バック・アタック　　　　　　　　　　　　　90

第 6 章 アタック   1

スパイク
助走→踏み切り→スイング→ヒット

　スパイク動作は、大きく分けて助走→踏み切り→スイング→着地などから構成されます。これらの個々の動きをしっかりと身につけ、一連の動作としてスムーズに動くことが重要になります。空中にあるボールをタイミングよく捕らえることは非常に難しいスキルであり、動きの1つひとつに注意を払いながら反復することが重要です。

> ❶ 高く跳ぶために助走と腕のバックスイングをしっかりとる
> ❷ 上半身と下半身を連動的に動かす
> ❸ 身体を後傾させずにボールを前方で捕らえる
>
> **Point**

　スパイクは、バレーボール競技の大きな魅力の1つでもありますが、基本的な身体の使い方、ジャンプ後の着地など正しいフォームを身につけないと大きなケガにも直結します。バレーボールは、ジャンプ動作の繰り返しであり、不適当な身体の動きによるケガは避けたいものです。よいパフォーマンスの発揮、身体に過度な負担のない動きを習得するためにも基本動作をしっかり身につけられるよう取り組みましょう。

助走
最後の1歩を大きく力強く踏み込む

踏み込み
しゃがみ込みと同時に大きく腕を後ろへ引き上げる（バックスイング）。親指を上に向ける

踏み切り
親指を前方へ向けるように腕を振り上げ、同時にジャンプ動作に入る

スイング準備
左腕を残したまま肩を引くようなイメージで右腕を引く

スイング
ボールを身体の前方で捕らえ、左腕をしっかり胸元に引きつけてスイングを行う
＊体幹の回旋を使えるように注意する

フォロースルー
スイングを一連の動作の途中で止めず、利き手の対角に自然に振り下ろすようにする

77

第6章 アタック 2

フェイント

　フェイントプレーは打てないトス、セットがネットに近すぎてスイングが不可能と判断されたときによく見受けられます。しかし、フェイントはつなぎのプレーではなく、決定打となる有効な場面でこそ、そのスキルが活きてきます。フェイントを攻撃戦術の1つとして有効な場面に繰り出せるように、相手状況を瞬時に把握できる判断力も養っておきたいものです。強打のみならず軟打の併用もできればアタッカーとしての技量もアップするでしょう。

Point
❶ ボール接触直前までアタックヒットの姿勢を相手に見せる
❷ ボールから眼を離し、相手のディフェンスフォーメーションを把握する
❸ 身体の向きとは逆の空間を狙おう

フェイント
ボールの中心より下側をつかみ取るようにして、指全体が接触するようにする

プッシュ
肘を伸ばし高いところでボールを捕らえる。なるべくボールの上側から直接相手コートにボールを突き落とすように強く押し込む

抜き
ボールの中心を手のひら全体でヒットするが、肘を真下に落とすようにスイングし、ボールを下方向になでるようにして、勢いを失ったボールを繰り出す

セカンド・テンポのアタック

　平行トスをアタックするには、常日頃からセッターとのコミュニケーションによるセットの高さ、スピード、位置の決定が重要になります。ディグやパスからボールがセッターに受け渡され、どのタイミングでアタッカーが助走の1歩目を踏み出すか（スタートを切る）をしっかり確認しながらスキルの習得に取り組みましょう。

レフトサイドでの平行アタック

クロス

ストレート

ライトサイドでの平行アタック

クロス

ストレート

第6章 アタック

サード・テンポのアタック

　サード・テンポのアタックは、アタッカーの技量によって成功するかどうかが決まります。注意しなければいけないのは、セッターのセットアップ前に助走をスタートさせないことです。サード・テンポのトスは、頂点の高い放物線軌道のトスが供給されます。当然、アタッカーにボールが到達するまでの時間も長くなりますので、セットアップされたボールが頂点を通過する時点で助走の1歩目のスタートを切れるようにタイミングをしっかり見極めましょう。

レフトサイドでのオープンアタック

レフトサイドでの
サード・テンポアタックの入り方

　レフトサイドの場合、コートのアタック・ライン延長線上左に出て、回り込むように入り、クロス方向を向くようにしましょう。セットに対して直線的に入るより、セットアップされたボールに向かっていくことによって多方向へのアタックと視野を十分に確保することが可能となります。

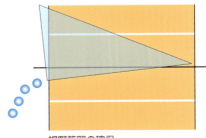

視野範囲の確保

ライトサイドでのオープンアタック

ライトサイドでの
サード・テンポアタックの入り方

　右利きのプレイヤーの場合、レフトサイドとは若干異なりコート外側へは出すぎないように注意し、サイドライン上から直線的に入り込みます。外側へ出すぎてしまうとストレートコースへのアタックが窮屈になってしまいます。また、セットアップされたボールに向かうのではなく、自身の左側から送られてくるボールをしっかり注視し、ストレートとクロスの各コースに打ち分けられるようにしましょう。

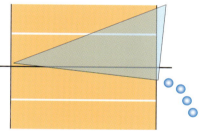

視野範囲の確保

第6章 アタック

ファースト・テンポのアタック

　ファースト・テンポのアタックは、ブロッカーの手の完成よりも早くアタックボールがネット上を通過させることが目的であり、すべての動作に速さとリズムが求められます。相手のブロックマークをチェックしながらさまざまなコースに打ち分けられるように取り組みましょう。
　またタイミングを合わせるために声をかけるなど、セッターと積極的にコミュニケーションをとっていくことも重要となります。

A クイック
　A クイックは、セッターの正対方向横約 1m 以内の範囲で速いテンポでアタックを行います。セッターがパスを受けようとセットの状態にあるとき、アタッカーはすでに空中でセットを待てるよういち早い動作に注意して練習しましょう。

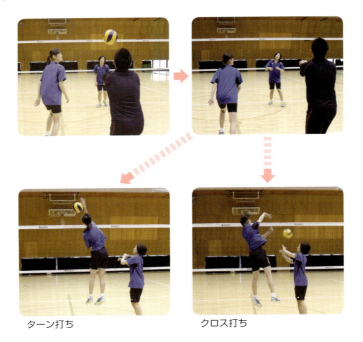

ターン打ち　　　　　　　クロス打ち

84

Bクイック

　Bクイックは、セッターの正対方向横約2～3m以内の範囲で速いテンポでアタックを行います。Aクイックよりも距離があるため初級レベルではセッターのセットと同じくらいのタイミングで踏み切り動作に入れるよう注意して練習しましょう。

クロス打ち

ターン打ち

Cクイック

　Cクイックは、セッターに対してAクイックと正反対の展開であり、セッターの背後1m以内の範囲からアタックを行います。Aクイックと同様のタイミングで助走から踏み切り動作まで行いますが、セッターのバックセットスキルも重要になってきます。

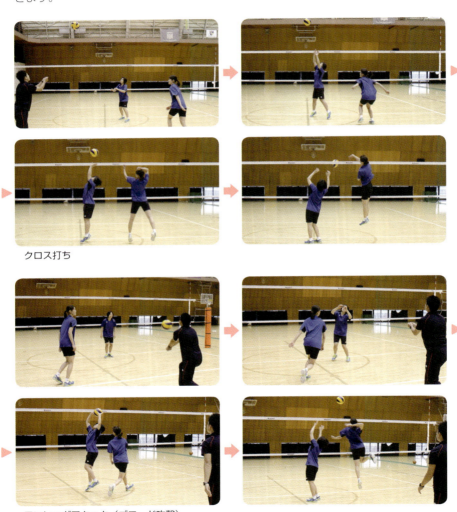

クロス打ち

ワンレッグアタック（ブロード攻撃）
セッターに向かって左側から横切るように踏み込み、踏み切り位置から右方向に空中移動してアタックを行う（右利きの場合）

D クイック

　D クイックは、セッターに対して B クイックと正反対の展開であり、セッターの背後 2～3m 以内の範囲からアタックを行います。B クイックと同様のタイミングで助走から踏み切り動作まで行いますが、C クイックと同様に、セッターのバックセットスキルも重要になってきます。

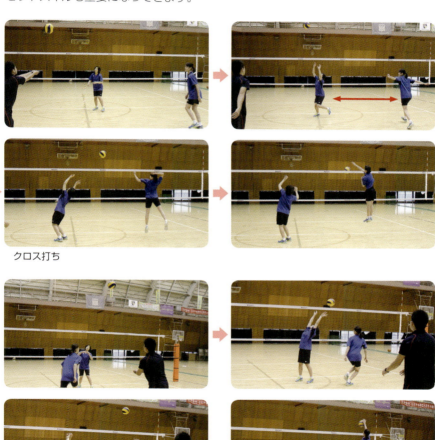

クロス打ち

ワンレッグアタック（ブロード攻撃）

87

第6章 アタック

ハイセットからのアタック

　コート後方からのハイセットをアタックするときは、相手ブロックが2枚以上となることを想定して臨むことが必要です。とくにサード・テンポのアタックと同様に、コート後方から距離と高さのあるボールが供給されることから、セットアップがされるまで助走距離をキープし、スタートを切ったらそのまま速度とパワーを落とすことなくトップスピードでアタックヒットまで完了しましょう。

ハイセットからのレフトサイドアタック

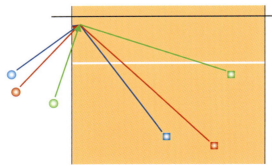

ハイセットにおける入り方（レフトサイド）
セットアップする選手とアタッカーの延長線上が90度の関係が保てるように位置取りをし、視野を確保しよう

88

ハイセットからのライトサイドアタック

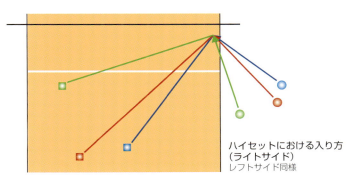

ハイセットにおける入り方
（ライトサイド）
レフトサイド同様

第 6 章 アタック

バック・アタック

　バック・アタックは、後衛ポジションのプレイヤーによりネットの白帯以上の高さからアタックが展開されるプレーを示します。この際、アタック・ラインを踏んだ状態、もしくは踏み越えてしまった状態でのアタックヒットは反則となってしまいます。助走距離の確保、踏み切り位置の確認をしっかり行い、全身の力を使ったダイナミックでパワフルなバック・アタックの習得に取り組んでみましょう。

ライトサイドからの
バック・アタック

第7章 ブロック

1	ブロックの基本姿勢	92
2	ブロックのレディポジション	94
3	1枚ブロックと移動ステップ	96
4	2枚ブロックと移動ステップ	98
5	3枚ブロックと移動ステップ	100
6	センター攻撃への3枚ブロック	101
7	ブロックにおける跳び方の分類	102
8	ブロックの考え方と対応	104

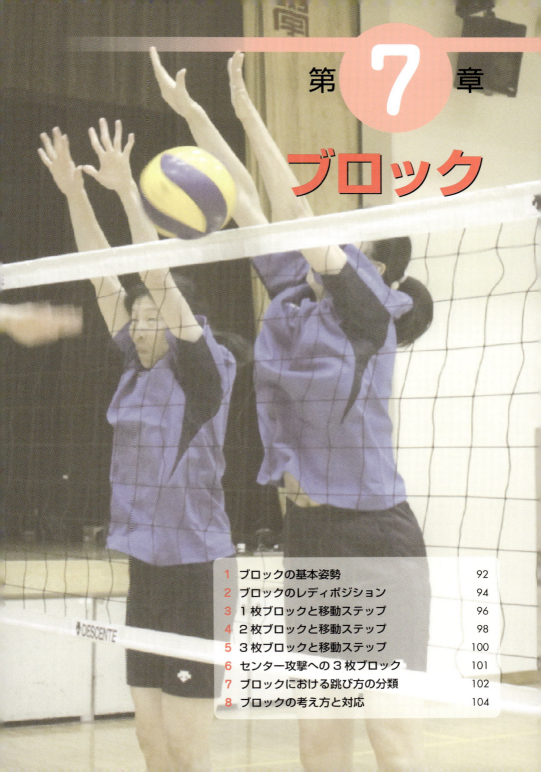

第7章 ブロック

ブロックの基本姿勢

　今日のバレーボールでは、競技レベルも急速に発展し、オフェンスの展開もますますスピードあふれるものとなってきています。アタックをディグスキルのみでディフェンスすることは限りなく不可能に近く、ブロックスキルが大変重要になってきます。ブロックの基本的な姿勢とステップは、6人制と9人制での変わりはありません。しかし、9人制ルールではオーバーネットができませんので、このことも考慮してスキルの習得に取り組んでください。

Point
1. 瞬時に左右どちらへも反応できる体勢を整えておく（基本姿勢）
2. 肩甲骨を引き上げるイメージで腕を伸ばす（ブロック完成時）
3. 「高く・幅広く・力強く」をキーワードに取り組もう

親指を上方向に向け、肘をしっかり伸ばす。指の間隔を広くし、ブロックの幅を広くする（ブロック完成時）

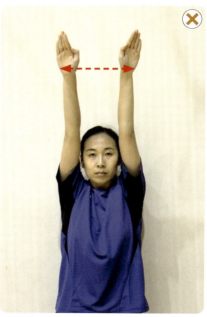

中指が上方向に向かうだけでは肘に力が入らない。また、指の間隔がなければブロック全体の幅も狭くなってしまう

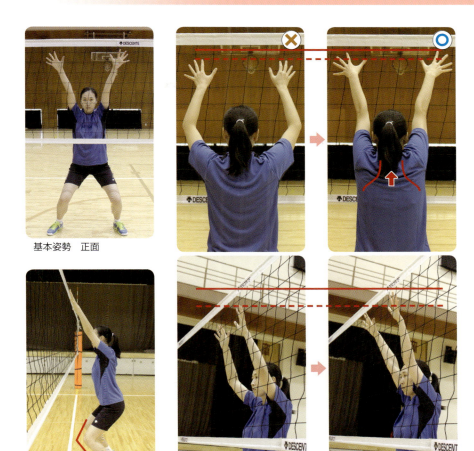

基本姿勢　正面

基本姿勢　側面

肩甲骨が上方向に上がっていない状態

肩甲骨を上方向へ引き上げた状態（ブロック完成時）

　肩甲骨を上げている状態と上げていない状態での力の入り具合を比べてみましょう。このような身体の使い方によりブロックパフォーマンスも大きく変化します。
　手を顔の前で構え、トスの高さ・長さ・速さ、相手アタッカーの打ち方などをしっかり注視し、移動ジャンプしてネット上に真っ直ぐ手を出していきます。踏み切りの瞬間も手が下がらないように意識することが重要です。また、指先は親指と小指にしっかり力を入れないと突き指や脱臼といったケガにつながってしまう恐れもありますので十分注意しましょう。

93

第7章 ブロック

ブロックのレディポジション

6人制のレディポジション

相手攻撃の特徴や戦術に対応していくために、近年では、複数のブロック配置が採用されています。まずは、基本として両隣のプレイヤーおよびコート内となるサイドラインまでの距離を均一に保つベーシックなスタイルを確立できるように配置しましょう。

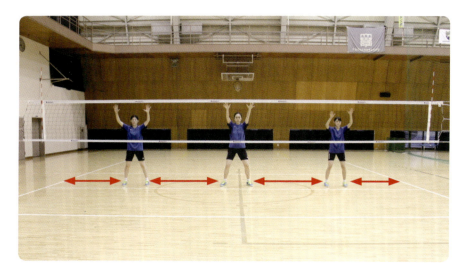

バンチ・シフト
ミドルブロッカーを中心に束のように集まったブロックポジションを取る配置。相手攻撃がコート中心付近から多い場合には有効である

スプレッド・シフト
ブロッカー3枚がサイドに距離を開けてブロックポジションを取る配置。相手攻撃がサイドからのテンポの速い攻撃に対応する場合に有効である

9人制のレディポジション

　9人制では、ブロックに関するルールが大きく異なります。6人制では相手コート側に腕を出して上からボールを抑え込むことが可能ですが、9人制では反則になってしまいます。9人制でのブロックは、ボールを抑え込みにいくというよりも「壁をつくる」というイメージになります。しかし、ただネット上に手を出しているだけでは、容易にブロックアウトを取られたり、ボールをネット間に吸い込んでしまいます。ポジショニングの確認を繰り返し行いながら、自分が抑えるコースを明確に示せるよう練習していきましょう。

第7章 ブロック

1枚ブロックと移動ステップ

1枚ブロックの際は、アタッカーの向いている方向に対してボールを自分の真ん中に合わせて位置取りをします。アタッカーにとって、最も力強いボールを打てるコースを防ぐことが第一になります。しかし、アタッカーの特徴を考慮して事前に防ぐべきコースを決定している場合には、各チームの戦術に従えるよう柔軟に対応していきましょう。

サイド2ステップでの移動1枚ブロック

サイド2ステップ程度で対応できる位置への移動のように、移動距離を大きく必要としない場合、速やかなサイド2ステップで対応する

腰を落とし瞬時に移動できる準備をする

大きくサイドに歩幅を取って移動する

ジャンプ準備に入ったら時間をためずに速やかにジャンプする

空中では基本姿勢を意識してバランスをしっかり保ち、着地するまで腕を下げないように注意する

サイド3クロスステップでの移動1枚ブロック

サイド2ステップの幅では追いつかないほどの移動距離を必要とする場合、サイド3クロスステップで大きく移動して対応する

進行したいサイド方向の足を1歩横に踏み出し体重を進行方向へ移動させる

踏み出してできた空間に逆の足をクロスさせるように通しサイド方向へ大きく移動する

ジャンプ準備に入ったら助走の勢いを利用して速やかにジャンプする

空中では基本姿勢を意識してバランスをしっかり保ち、着地するまで腕を下げないよう注意する

第7章 ブロック

2枚ブロックと移動ステップ

　2枚ブロックの際は、スパイカーの向いている方向に対してボールを2人の真ん中に合わせて位置取りをします。2枚ブロックでは、より幅広くコースを防ぐことにより、相手アタッカーが強打できる範囲を限定させることができます。声かけをするなど、2人の動きを合わせられるよう取り組んでいきましょう。

レフトサイドへの2枚ブロック（サイド2ステップでの移動）

レディポジション

相手のセットアップの状況に合わせて揃ってサイド2ステップで移動

2人合わせてジャンプの準備動作

アタックヒットのタイミングを見計らってジャンプ動作に入り2枚ブロックの完成

レフトサイドへの2枚ブロック（サイド3クロスステップでの移動）

レディポジション

セッターのセットアップの状況に合わせて揃ってサイド3クロスステップで移動

2人合わせてジャンプの準備動作

アタックヒットのタイミングを見計らってジャンプ動作に入り2枚ブロックの完成

99

第 7 章 ブロック

3枚ブロックと移動ステップ

　3枚ブロックでは、前ページの2枚ブロックよりさらに広範囲に相手アタックの強打を制限できますが、その反面、ディグ人数が減り各ディガーの守備範囲が広くなることを考慮しておく必要があります。

レフトサイドへの3枚ブロック（サイド3クロスステップでの移動）

レディポジション

相手のセットアップの状況に合わせて揃ってサイド3クロスステップで移動

3人合わせてジャンプの準備動作

相手のアタックヒットのタイミングを見計らってジャンプ動作に入り3枚ブロックの完成

第7章 ブロック

センター攻撃への3枚ブロック

　レディポジションから両サイドのプレイヤーは1歩内側に寄り、3人の幅を事前に詰めておきます。相手のセンター攻撃に合わせて両サイドのプレイヤーは大きくサイド2ステップで味方センタープレイヤーに隙間なく寄り、タイミングを合わせ揃ってジャンプ動作を行います。ジャンプからブロックの完成まで3人がシンクロした動きを取れるよう取り組みましょう。

レディポジション

両サイドのプレイヤーは1歩内側に寄り、3人の幅を事前に詰める

相手のセットアップの状況に合わせて両サイドのプレイヤーはサイド2ステップで3人が詰め寄る

相手のアタックヒットのタイミングを見計らってジャンプ動作に入り3枚ブロックの完成

第 7 章 ブロック

ブロックにおける跳び方の分類

　バレーボールのプレーにおいて「見る」ことから得られる情報量は膨大であり、これが瞬時の判断に大きく影響してきます。とくにブロックにおいては、相手の攻撃をいかに先読みして見抜くかが重要になります。
　ブロックにおける主だった配置（位置取り）についてはＰ94、95で紹介しましたが、これに加えてブロックジャンプの反応の仕方についても以下の2つの分類が主流となっています。

(1) コミットブロック
　アタッカーの動きに合わせて同じタイミングでブロックジャンプを行う跳び方。とくにマンツーマンブロックでの状況の際、相手のファース・トテンポの攻撃に対してシャットアウトを目的とした場合に多く採用されています。

（2）リードブロック

　相手のセットや状況を確認してブロックジャンプを行う跳び方。相手の全ての攻撃に対してノーマークの状況をつくることなく、複数のプレイヤーでブロック参加しようとします。素早い反応とディグと連携した組織化が必要といえます。

　速いテンポの攻撃が少ない小中高生や初級段階レベルでは、正しいリードブロック動作の習得が重要です。正しいリードブロックのタイミングがマスターできればコミットブロックへの応用も容易になるという観点から積極的にこのリードブロックの習得に取り組んでいきましょう。

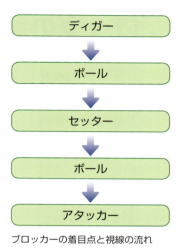

ブロッカーの着目点と視線の流れ

103

第 7 章 ブロック

ブロックの考え方と対応

　ブロックは、チームによってさまざまな目的や戦術が用いられ、近年のトップリーグなどではリードブロックの組織化により意図的にワンタッチを取りにいくなど非常に戦術化されています。例としては「相手アタックコースを限定させる」「ワンタッチを取って相手のアタックスピードを軽減させる」などがいえるでしょう。もちろんこれらは間違いではありません。しかし、ブロックの最大の目的はシャットアウト（ブロックポイント）であるといえます。いち早く相手攻撃戦術を見抜き、シャットアウトを試みた結果、ワンタッチボールを獲得できたり、相手アタッカーがブロックを抜きにきたところをディグでカバーといった考え方をしてもらいたいと思います。各チームでブロックをどのように位置づけ、ディフェンスシステムの一部としてブロックにどのように取り組むか入念な約束事を決めておく必要があります。

第 8 章
フォーメーション

1　レセプションフォーメーション（6人制）　　106
2　レセプションフォーメーション（9人制）　　108
3　ディグフォーメーション（6人制）　　110
4　ディグフォーメーション（9人制）　　112
5　スパイク・カバーフォーメーション（6人制）　　114
6　スパイク・カバーフォーメーション（9人制）　　116
7　フォーメーションの考え方　　118

第8章 フォーメーション 1

レセプション
フォーメーション（6人制）

ポジション番号

　選手の位置をサーブ順に1～6番と示し、そのポジションを番号で表します。下記図においてセッターが1番のポジションに位置する場合をS1と表現します。以下、ローテーション順にS6、S5、S4、S3、S2と呼びます。

プレイヤーの配置

　S1においてプレイヤーが後衛左からポジションの通りOH、MB、Sと並ぶ配置をバックオーダーと呼びます。一方、S5において前衛左からポジション通りOH、MB、OPと並ぶ配置をフロントオーダーといいます。W型フォーメーションならばフロントオーダーも可能ですが、分業型ではバックオーダーのほうが有利です。とくにS5のローテーションにおけるレセプションフォーメーションの際、セッターの移動距離を短縮できるメリットがあります。

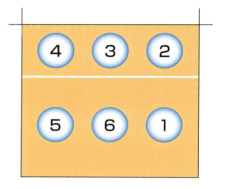

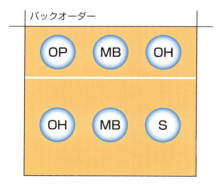

バックオーダー

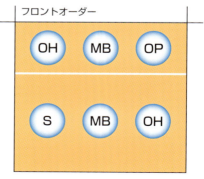

フロントオーダー

S：セッター、OH：アウトサイドヒッター、MB：ミドルブロッカー、OP：オポジット、L：リベロ

レセプションフォーメーションにおける最も基本的な隊形で採用されているのが「W型フォーメーション」となります。バレーボールのローテーションシステムを理解する上でも非常にシンプルであり、セッター以外の5人全ての選手でレセプションを行う形になります。その他、攻撃を重視したよりポジション分業型のレセプションフォーメーションを紹介します。チームの実情に合わせて適切な隊形を選択してください。

W型フォーメーション

スプリット

4人フォーメーション

3人フォーメーション

2人フォーメーション

※写真は全てセッターが前衛ライトに位置するS2のポジションの場合を示す

107

第 8 章 フォーメーション

レセプション フォーメーション（9人制）

　9人制におけるレセプションフォーメーションの最も基本的な隊形は、コート内を大方均等に割り振った7人のプレイヤーでレセプションを行う形になります。この際、チームによりさまざまではありますが、大半は前衛センターのプレイヤーはネット付近まで上がりレセプションに参加しません。

7人フォーメーション

また、この応用隊形としても次の2つのレセプションフォーメーションを採用しているチームも少なくありません。これらも6人制同様、攻撃を重視した隊形になりますのでよりポジション分業型に近くなります。チームの実情に合わせて選手の能力に合ったレセプションフォーメーションを採用しましょう。

6人フォーメーション

5人逆W型フォーメーション

第8章 フォーメーション 3

ディグフォーメーション（6人制）

　ディグフォーメーションを決定する際は、チームのブロックシステムを加味して、それらとリンクさせながら検討していかなければいけません。ディフェンスをトータルで考えた場合、ブロックとディグの関係は切り離せないものです。コート内プレイヤーのブロックおよびディグ能力をより発揮できる、または弱点部分をカバーできるディグフォーメーションを選択する必要があります。

レディポジション
（3－0－3）

2－0－4フォーメーション

　2枚ブロックにディグを4人のプレイヤーで行うフォーメーション。各コースに対する強打ボールには適切ですが、コート中心が空くため軟打ボールに対しての対応が必要となります。

レフト攻撃に対して

センター攻撃に対して
写真の場合、前衛レフトプレイヤーがディグに下がる

ライト攻撃に対して

110

2-1-3フォーメーション

2枚ブロックを前提に、ブロックに跳ばない1人の前衛プレイヤーはコート中心に移動し軟打ボールに対応します。そして、後衛の3人のプレイヤーでディグ隊形を取ります。また、ブロックに跳ばない前衛プレイヤー1人を事前に決定しておく場合も同様の隊形となります。

レフト攻撃に対して

センター攻撃に対して
写真の場合、前衛レフトプレイヤーがディグに下がる

ライト攻撃に対して

3-1-2フォーメーション

3枚のブロックに1人がコート中心の軟打ボールに対応します。残りの後衛2人でディグ隊形を取ります。アタックコースを極めて限定することを期待できますが、ブロッカーとの連係が取れないとコート後ろ範囲に隙が多くできてしまいます。当然、ディガーの人数が少ない分、広範囲による守備能力も要求されます。

レフト攻撃に対して

センター攻撃に対して

ライト攻撃に対して

111

ディグフォーメーション（9人制）

　9人制におけるディグフォーメーションの決定においても、チームのブロックシステムとのリンクが必要になります。チームに攻撃的ポジションを得意とするプレイヤーが多数いる場合は、ブロックと攻撃を重視したフォーメーションとなり、その逆の場合はディグを重視したフォーメーションとなるなどディグフォーメーションも変わってきます。6人制同様、構成メンバーの特徴を把握した上でフォーメーションを選択しましょう。

5－1－3フォーメーション

　前衛人数を多く配置し、ブロックとオフェンスを重視したフォーメーション。実業団チームなど競技レベルの高いチームにおいては、このフォーメーションを採用することが多いです。ブロックやアタックヒットに長けているプレイヤーが4人以上配置できることが前提になります。

4-2-3フォーメーション

　ディグを重視したフォーメーション。とくに家庭婦人などのチームにおいてはこのフォーメーションを採用しているケースが多く見受けられます。チームの構成メンバーの事情により、アタッカー（前衛プレイヤー）よりもディグ中心のプレイヤーが多数を占めている場合に有効です。

4-3-2フォーメーション

　ディグを重視しつつも、前衛プレイヤー4人のブロック能力がとくに優れている場合のフォーメーション。チームのブロック力を加味することによってコート奥（バックセンター）への強打ボールをブロックによって防ぐことを前提にポジション配置をします。バックセンターのディガーはハーフラインあたりまで上がり、コート中心範囲のディグに専念できることが特徴といえます。

第 8 章　フォーメーション

スパイク・カバーフォーメーション（6人制）

　味方アタッカーの打ったスパイクボールが、自コートに戻ってきたときに備え、そのボールをディグするために残りのプレイヤーでフォーメーションを構築しておかなければなりません。しかし、近年ではオフェンスフォーメーションの高速化や多彩なコンビネーションの確立により、あらかじめ決めておいたポジションに位置することも非常に難しくなってきています。スパイク・カバーフォーメーションは、その状況に応じてシステムの変更ができるようにチームで取り組んでおくとよいでしょう。

3-2型

　味方アタッカーの背後に3人のカバー、さらにその後ろに2人のカバーがポジショニングするフォーメーション。とくに相手のブロックが自コートの前範囲に落ちることを防ぐ隊形といえます。

レフト攻撃

センター攻撃

ライト攻撃

2-3型

　味方アタッカーの背後に2人のカバー、さらにその後ろに3人のカバーがポジショニングするフォーメーション。とくに相手のブロックが自コートの前範囲に落ちることは比較的少なく、後ろ範囲およびコート全体を広範囲にカバーしようと考えた場合の隊形といえます。

レフト攻撃

センター攻撃

ライト攻撃

第8章 フォーメーション

スパイク・カバーフォーメーション（9人制）

　9人制においては、6人制とは違ったルール特性を考慮してスパイク・カバーフォーメーションに取り組むことが、よりラリーを継続させ、得点機会をあげると考えられます。ブロックのオーバーネット（相手コート内でボールに触れた場合）の反則ルールがあるため、6人制ほど鋭角なボールが戻されるケースは多くありません。これを考慮してコート全体をどのようなフォーメーションを採用してカバー体制を取るかが重要になってきます。

5－1－3フォーメーション

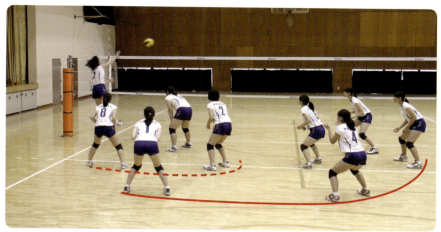

４－２－３フォーメーション

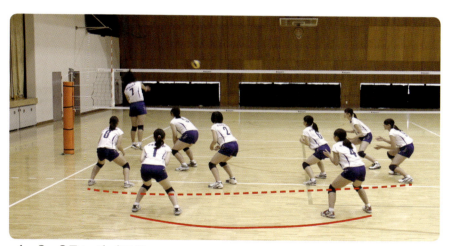

４－３－２フォーメーション

　６人制、９人制ともにバックセンターポジションのプレイヤー、もしくはその他が１人後ろの範囲（バックセンターエンドライン際）に残らなければいけないと考えているチームも少なくないと思います。しかし、相手のブロックボールがコートエンドライン際に返ってくる確率というのはどうでしょうか。さまざまな研究によると、ブロックボールは大半が味方アタッカー周辺に跳ね返されてくるという調査データがあります。コート全域をカバーするよりも前範囲をしっかり固めていくことが得策であるといえます。

第 8 章 フォーメーション

フォーメーションの考え方

　フォーメーションとは、ディフェンスやオフェンスにおける、チームのあらかじめ決められた選手の並び方や動き方を示したものです。バレーボールは集団球技であり、レセプションフォーメーションやディグフォーメーションなど、プレーの大半が集団による連係の連続になります。個々人が約束事もなくバラバラな動きをとってしまうと、いくら有能なプレイヤーが揃っていてもチーム力は低下してしまいます。また、チーム構成メンバーの特徴を活かせるようなフォーメーションの確立も、勝敗を分ける重要な要素になってきます。国際レベルにおいてはすでにポジションによる分業化が浸透し、日本のトップリーグでもすでにそれは常識化しています。

　しかし、本書を手に取ってくださっている皆さんにおいては、可能な限りアタック専門やディグ専門に偏らず、トータル的にバレーボールのスキルを習得してもらいたいと考えます。それらも踏まえた上で、チームでさまざまなフォーメーションを検討していく際は、構成メンバーが理解しやすく、かつ共通認識できるものであり、さらにはメンバーがスムーズに動きのとれるものを導入していくことがよいと考えられます。

第 9 章

ウォーミングアップとクーリングダウン

1	ストレッチの種類と正しい行い方	120
2	静的ストレッチ	122
3	動的ストレッチ	124
4	ペアストレッチ	126
5	ウォーミングアップ	128
6	クーリングダウンの重要性	134
7	クーリングダウンのアイシング	135
8	疲労回復に効果的な入浴法	136

第 9 章　ウォーミングアップとクーリングダウン　1

ストレッチの種類と正しい行い方

　ストレッチは、ケガの予防にも競技力向上にも欠かせないものです。運動前にウォームアップとして身体の柔軟性を高めておくことや、クールダウンとして身体のケアを行うことは一般的になってきました。また、バレーボールに限らず、健康の維持や増進のためにもストレッチによって柔軟性を保つことは重要といえます。

　ここでは静止して伸ばしていくストレッチ（静的ストレッチ）、動きながら伸ばしていくストレッチ（動的ストレッチ）、パートナーによって伸ばしてもらうストレッチ（ペアストレッチ）をご紹介します。

静的ストレッチ

動的ストレッチ

ペアストレッチ

効果を高める方法

- **徐々に伸ばしていく**
  最初はリラックスしながら軽めに１０秒ぐらい伸ばして、その後は深呼吸をしながら２０秒ぐらいかけて徐々に伸ばしていきます。
- **種目の順番を工夫する**
  ストレッチはリラックスすることが大切なので、ストレッチの順番を工夫して、なるべくスムーズな流れで実施するようにします。

注意点

- **痛みを我慢して伸ばさない**
  思わず痛みで呼吸が浅くなってしまったり、止まってしまったりするような無理なストレッチにならないように注意しましょう。深呼吸をしてリラックスできる程度でストレッチを行いましょう。
- **ケガの直後に伸ばさない**
  関節や筋肉が腫れている場合や痛みがある場合には、むやみにストレッチすると症状を悪化させる可能性があるので控えましょう。

クールダウンでのストレッチ

第9章 ウォーミングアップとクーリングダウン　2

静的ストレッチ

　静的ストレッチとは、反動をつけずに筋肉を静かに伸ばしていくストレッチです。深呼吸をしながら筋肉が気持ちよく伸ばされている姿勢を取ります。後はリラックスした状態で姿勢を保ちます。

肩、体側のストレッチ
姿勢を真っ直ぐに保ち、肘をつかんだ状態で横方向に引っ張る。肘を引くのと同じ方向に上体を倒していくと体側がよりストレッチされます

肩周囲のストレッチ
両手を頭の上に伸ばした状態で床に手をつき、上体の重さを利用しながら腋の下を伸ばすようにストレッチしていきます

腹部のストレッチ
うつ伏せの状態から両手で床を押すようにして上体を起こします。無理のない範囲でお腹を突き出すようにしてストレッチします

腰、お尻のストレッチ
仰向けに寝て片脚を反対側に持っていき、腰を捻るような姿勢を取ります。上体は仰向けのまま手で膝を押さえるとよりストレッチされます

大腿部前面のストレッチ
うつ伏せになって片側の膝を曲げ、手で足首を持ってお尻に近づけます。手が足首に届かない場合はタオルなどを利用します

大腿部後面のストレッチ
片側の足を身体の前に真っ直ぐに伸ばし、その方向に上体を倒していきます。両手でつま先や足を持つことでよりストレッチされます

股関節のストレッチ
股関節を前後に大きく開き、両手を膝の上に乗せて上体を徐々に起こしていきます。股関節に適度な突っ張りを感じた状態で姿勢を保ちます

アキレス腱のストレッチ
脚を前後に開いて立ち、両脚のつま先をしっかりと前方に向けます。後ろ足のかかとが床から離れない範囲でストレッチさせます

第 9 章　ウォーミングアップとクーリングダウン　3

動的ストレッチ

　動的ストレッチは、身近なものではラジオ体操が同じ分類になります。筋肉は温まると伸びやすくなるので腕や脚、体幹や股関節などの関節を動かすことで柔軟性を改善していきます。

肩甲骨、肩周りのストレッチ
両膝と両手を床についた状態で肩甲骨を動かすように意識しながら、背中を丸める動作と腰を反らせる動作を交互に繰り返します

胸、肩周りのストレッチ
両手を上げた状態から左右に大きな円を描くように動作を行います。肩の動く範囲を広く使うように意識することが重要です

体側のストレッチ
頭の上で両手を組んで、そのまま横に上体を倒していきます。体側に十分な突っ張りを感じたら反対側に上体を倒していきます

腰周りのストレッチ
軽い腕の振りをつけながら上体を一方に回旋させ腰を捻っていきます。その後はリズムよく交互に繰り返します

股関節のストレッチ
脚を大きく左右に開き、上体を落として肘か手を膝にあてます。ゆっくりと上体を左右に揺することで股関節のストレッチを行います

腰、お尻、大腿部後面のストレッチ
脚を交差させて上体を前に倒し、両手で地面を触るよう動作を行います。その後、反動をつけて少し上体を起こし、再び同じ動作を繰り返します

前後スイングストレッチ
安定した場所に手をかけて片脚立ちになり、反対側の脚を前後にスイングします。動かす範囲は徐々に広げていきます

左右スイングストレッチ
安定した場所に手をかけて片脚立ちになり、反対側の脚を左右にスイングします。動かす範囲は徐々に広げていきます

ペアストレッチ

　ペアストレッチは、パートナーにストレッチをサポートしてもらうことで１人では伸ばしきれない範囲でのストレッチや、楽な姿勢でのストレッチを可能にします。

肩のストレッチ
パートナーが手首を持って、徐々に持ち上げて伸ばしていきます。ストレッチを受ける人は身体が前かがみにならないように注意しましょう

体側のストレッチ
パートナーが片側の膝と肘に手をあてて、徐々に体側を伸ばしていきます。ストレッチを受ける人は身体が前に倒れないように注意しましょう

腰、お尻、大腿部後面のストレッチ
パートナーが上体を背中にあてて、上から下に押すようにして伸ばしていきます。大腿部を強く押さえることでより伸ばされます

大腿部後面のストレッチ
パートナーがかかとを持って、徐々に持ち上げて伸ばしていきます。膝を曲げないようにストレッチすることでより伸ばされます

腰、背中、お尻のストレッチ
パートナーは肩と膝を押さえて、腰を捻るように伸ばしていきます。ストレッチを受ける人は顔を反対側に向けるようにします

お尻のストレッチ
パートナーは両膝を押さえて、胸に近づけるように伸ばしていきます。お腹に足の裏をあてていることでより姿勢が安定します

大腿部内側のストレッチ
パートナーは腰と膝を押さえて、膝を床に押しつけるように伸ばしていきます。ストレッチを受ける人は腰が浮かないように注意しましょう

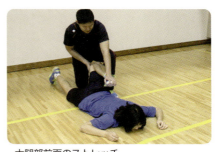

大腿部前面のストレッチ
パートナーは足首を持って、かかとをお尻に押しつけるように伸ばしていきます。無理に押しつけると腰が反ってしまうので注意しましょう

第 **9** 章　ウォーミングアップとクーリングダウン　　　　　5

ウォーミングアップ

　ウォーミングアップは、体温を高めることを意味していますが、その目的は体温上昇だけではありません。ウォーミングアップは「主運動を開始するための準備運動」であり、身体を温めて柔軟性を向上させる以外にも、ケガの予防や心理的な切り替えなどのさまざまな準備が含まれます。

　ウォーミングアップを実施していく中で多くの人が疑問に思うことは、どのような運動をどれぐらい行えばよいのか？　時間はどれぐらいが最適か？　ということがあります。ウォーミングアップは強度が強すぎても弱すぎても最適とはいえません。体育館内の温度や当日の練習内容によっても最適なウォーミングアップ内容は変化します。ウォーミングアップ実施上のポイントを理解して、最適な内容にできるように取り組んでみましょう。

ウォーミングアップ実施上のポイント

- 体温を上げて柔軟性を高める

　体温が上昇することで血液の循環がよくなり、柔軟性を高めることができます。また、全身運動を行うことで、身体の協調性を高めることができ、ケガの予防にもつながります。

- バレーボールの予行練習

　これから行う運動を予行練習しておくことで、バレーボールでの動作の反応を高めることができます。頭で考えて理解するのではなく、身体にも「これからこんな運動するよ」と教えてあげることで急激な身体への負担を減らすことができます。

- 心肺機能の準備

　心肺機能は徐々に運動の強度を上げていくことで、強い負荷にも適応する状態へとなります。少しずつ心拍数を高めるような運動をすることで、身体を激しい運動に順応させていきます。

- 集中力を高める

　身体的準備はもちろんのこと、心理的準備の効果もあります。これから試合や練習だという気持ちの切り替えや、チーム全体、各個人で気持ちを高めたり静めたりと、心理的な調節をするのによい時間帯となります。

- コンディションの把握

　ウォーミングアップの時間内でその日の体調を把握し調整します。軽い運動をして

128

みて、疲労がたまっている部位に痛みや違和感などがないかを確認し対処しておくことで未然にケガを防ぐことができます。

ウォーミングアップの流れ

①ジョギング
最初の運動なのでゆっくりと軽いジョギングで体温を上昇させていきます。また、軽く心拍数も上げておくことで心肺機能の準備にもなります

②静的ストレッチ
身体がある程度温まったら静的ストレッチによって柔軟性を高めていきます。このときに疲労具合や身体に違和感がないかを確認しておきます

③ステップ
サイドステップやクロスステップ、バックランやスキップなど各ステップのいろいろな動きによって身体の協調性を高めていきます

④動的ストレッチ
身体の柔軟性と協調性が高まってきた段階で、さらに大きな動作となる動的ストレッチによって準備を行います

⑤フリーアップ
過去にケガした部位や疲労が出やすい筋肉は個人差があるので、短い時間でも各自で調整する時間があるとよいでしょう

⑥ダッシュ
強度の高いダッシュをさまざまな体勢やステップで行い、最終的な準備を行います。心理的な準備も含んでいるので集中していることが重要です

レクリエーションウォーミングアップ（1）
リアクション　ハーキー

①コーチが前に立ち、選手は周りの人とぶつからないように広がる。
②選手はその場でリズムよくステップを踏みながらコーチに注目する。
③コーチは十字方向に腕で合図し、選手はその方向に身体を反応させる。

Point
- あらかじめ合図に対しての動作を選手に説明しておきましょう
- 反応能力と判断力を養うため、早くて正確な反応を心がけましょう

上の指示

下の指示

右の指示

左の指示

上の反応

下の反応

右の反応

左の反応

レクリエーションウォーミングアップ（2）

2人組ボール運び

① 2人組でお互いの額や背中でボールをはさみ、ボールを落とさないように保つ。
② 最初の姿勢から立ち上がり、ゴール設定された場所まで移動する。
③ ボールを落とさないように最初の姿勢へと戻る。

Point
- バランス能力が求められるので、相手の姿勢や状況を確認しながら行いましょう
- コミュニケーションを取りながら行いましょう

レクリエーションウォーミングアップ（3）
増殖鬼ごっこ

①鬼は2人組で手をつないでボールを1つ持つ。ボールを選手に投げてぶつけると鬼の仲間となる。
②鬼以外の選手はボールをぶつけられないように逃げる。
③ボールにぶつかった選手は鬼役と手をつなぎ鬼の仲間となる。

Point
- 敏捷性を養うため、人数に合わせて移動できるエリアを限定しましょう
- 参加人数が多い場合には、鬼を2組以上にして鬼同士が協力できるようにしましょう

レクリエーションウォーミングアップ（4）

サークルパス

① 6〜10人でそれぞれの選手が手を広げても隣の人とぶつからない程度の円陣をつくる。
② 1つのボールを落とさないように相手の名前を呼んでパスでつなぐ。
③ 10回つながったら2つ目のボールを入れて、同様にパスでつないでいく。

Point
- 判断能力を必要とするため、状況に合わせたパスの方向と高さが要求されます
- 名前などを呼び合うことでコミュニケーションが取れるので、大きな声をかけ合って行いましょう

クーリングダウンの重要性

　疲労回復には、運動・休養・栄養のバランスが重要になります。つまり、これらの要素に偏りが発生した場合に疲労が蓄積され、身体の不調やケガなどの問題が発生します。疲労は運動した結果として生じるごく当然な反応であり、疲労すること自体に何の問題もありません。スポーツ活動において大切なことは、疲労した後のケア方法にあります。運動後にクーリングダウンを行うことは広く知られていますが、それでもウォーミングアップやトレーニングと同等に重要視している人は少ないようです。

　クーリングダウンにもさまざまな種類がありますが、一般的に知られているストレッチを運動直後に行うだけでも大きな効果が期待できます。また、違和感があったり以前にケガをして気になる部分は、運動直後にアイシングをすることで疲労の蓄積や炎症症状を緩和することができます。楽しく長く競技を継続するためにも、積極的な身体のケアに取り組みましょう。

ストレッチでリセット
　クールダウンでのストレッチは、運動で使用した筋肉の緊張をほどく目的があります。運動後の筋肉には疲労が蓄積されているので、そのまま放置しておくと硬くなってしまいます。ゆっくりと筋肉の張りを取り除き、心身ともにリラックスしていきましょう。

クーリングダウンのアイシング

　クーリングダウンのアイシングは、運動によって上昇した体温を下げる目的で行います。運動が終了しても体温は高いままを維持しているので、無駄なエネルギー消費によって疲労を引き起こします。また、痛みや違和感がある部位は、運動によるダメージを受けている可能性があります。このように上昇した体温の持続が引き起こす問題をアイシングによって対応することができます。アイシングは痛みや違和感のある部分、ケガをって回復間もない部分、酷使した部分です。他には各自で疲労が翌日に残りやすい部分や、運動中に打撲した部分のアイシングも効果的です。

　また、入浴によるアイシングでは、心理的なリラックス効果も得ることができます。氷で冷やしたり、冷水浴や冷水シャワーを浴びたりすると練習で高められた緊張や興奮をほぐす効果があり、精神的なストレスを軽減してくれます。可能であればプールなどの利用も、良好なコンディションづくりに効果的ですのでお勧めします。

  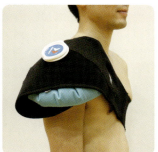

足、膝、肩などのアイシング

第**9**章　ウォーミングアップとクーリングダウン

疲労回復に効果的な入浴法

　疲労は運動した結果として生じる当然の反応であり、疲労すること自体に何の問題もありません。大切なことは疲労した後のケアにあります。疲労のケアは、その原因が特定されれば対応は比較的簡単です。また、特別なケアをしなくても、ストレッチや入浴をしっかりと正しく実施するだけでも十分な効果があります。

疲労を回復させる入浴方法
　入浴はごく当然の行動となっていますが、その作用は想像以上に身体へプラスの影響を与えています。通常は身体を洗うことが主な理由となりますが、疲労回復としての入浴には疲労物質の除去という目的が加わります。

• **通常入浴のポイント**
　入浴方法の誤解で、熱湯のような高温入浴（42℃以上）のほうが発汗作用を促進し、疲労回復に効果的であると勘違いしている方が多いようです。これは皮下の血流量だけが増加して、筋肉中の血液量は減少してしまい疲労物質は除去されません。身体への負担を減らすためにも、37〜40℃の低温浴が効果的であり、20〜30分程度の半身浴をお勧めします。温まった血液が循環することによって各臓器が温まるので体内の代謝能力が高まります。

• **反復浴のポイント**
　反復入浴とは、入浴と休憩を交互に行う入浴方法です。半身浴で42℃以上のお湯に3分間つかり、今度は湯船から上がって3〜5分間休憩します。これを1セットとして3セット行います。42℃以上のお湯は、連続して10分間以上入浴すると大きな負担が身体にかかってしまうので、小分けして入浴時間を確保すると効果的な入浴となります。

• **温冷交代浴のポイント**
　交代浴は、温浴と冷浴を交互に入浴し、血管の拡張と収縮を繰り返すことによって代謝を高める入浴方法です。慢性的なケガにも効果的ですのでリハビリとして利用することもできます。この入浴方法は、交感神経の働きが活発になって血圧が上昇しますので高血圧の選手にはお勧めできません。

第10章

トレーニング
ケガをしない身体づくり

1	筋力トレーニングの重要性と注意点	138
2	トレーニングの効果を最大限に得るための九カ条	139
3	器具を使わない筋力トレーニング	140
4	アスリートの筋トレに挑戦	146
5	バランスボールを使ったトレーニング	149

第 10 章　トレーニング

筋力トレーニングの
重要性と注意点

　素早さやジャンプ力など、基礎的な運動能力が高いとバレーボールをプレーする上では格段に差が出ます。もちろん、上達にはスキル練習が必要不可欠ですが、基礎的な筋力が低いとスキルはあるがパワーがないという事態に陥ります。ぜひ、筋力トレーニングで運動能力を向上させて、ワンランク上のバレーボールを楽しんでください。

　筋力トレーニングの効果を得るためには、いくつかの注意点が存在します。注意点を守ることで安全に実施することができるため、ケガを防ぐという意味でも重要になります。どれだけ強力に鍛えられても、ケガをしてしまったら逆効果になってしまいます。筋力トレーニングの注意点といっても難しいものではないのですが、慣れてくると急いでフォームが崩れたり、呼吸が止まるほどの不適切な負荷でトレーニングをしてしまったりします。定期的に注意点を見返して、適切な効果が得られているかを確認してみましょう。

注意点	説明
正確なフォームとスピード	崩れたフォームでの実施は効果が得られないだけではなく、関節や筋肉を傷めてしまう可能性が高くなります。フォームとスピードをコントロールすることがトレーニングの中心といっても過言ではありません。
適切な負荷	動作に慣れないうちには反復回数や静止時間を少なくし、フォームが安定してきたら増やしていくようにします。
呼吸に注意	集中してバランスを保持したり、困難な動作をしたりすると呼吸を止めてしまいがちになります。呼吸は規則的に行い、止めることのないように注意しましょう。
実施回数と頻度	実施回数と頻度は身体がどれぐらい疲労しているかによって変わってきます。目安としては全力でトレーニングを頑張った場合、疲労回復を考慮して間隔を空ける必要があります。1週間に2日から3日を目安にしましょう。

第**10**章　トレーニング

トレーニングの効果を 最大限に得るための九カ条

第一条　段階的な負荷の上昇を意識するべし！
　トレーニングは体力向上に合わせて、段階的に高めていく必要があります。いつまでも同じ負荷ではなく、必要な筋力までは負荷を高めていくことです。

第二条　少しキツイ負荷設定を意識するべし！
　運動によって身体に負荷が与えられると、身体はそれに見合った反応をします。したがって、運動を行って身体能力の向上を図る場合、現在の水準以上の負荷でトレーニングをしなくてはなりません。

第三条　長く継続することを意識するべし！
　トレーニングの効果は、すぐに現れるわけではありません。長期間にわたって続けて実践してこそ効果が得られるものです。

第四条　長期間の中断を避けるように意識するべし！
　トレーニングによる成果は、トレーニングを中断すると強化に要した同じ時間をかけて衰えていきます。

第五条　意欲的な取り組みを意識するべし！
　トレーニングの効果を生むためには、意欲と意識の集中がとても重要です。データを記録したり写真を撮ったりと、飽きないような工夫も効果的です。

第六条　他人を意識せずに自分のみを意識するべし！
　体格、体力、トレーニングの目的などには個人差があります。負荷やペースを他の選手に合わせる必要はありません。トレーニングは各個人に合った内容であることが大切です。

第七条　全身を意識するべし！
　競技力を向上させるためには身体全体をバランスよく養い、偏りをなくす必要があります。苦手なことは誰でもやりたくないものですが、それでは効果が発揮されません。

第八条　バレーボールというスポーツの特異性を意識するべし！
　特異性とは、その競技に合わせたトレーニングを行うことで、競技によって行うトレーニング形式が異なってきます。

第九条　疲労の回復を意識するべし！
　トレーニングには疲労がつきものです。しかし、その後に休養を取ることで次第に体力が回復し、一時的にトレーニング前よりも高い水準に達します。これを超回復と呼び、この時期にトレーニングを実施することでその効果は着実に向上していきます。

139

器具を使わない
筋力トレーニング

エクササイズ（1）
プッシュアップ

ターゲット	：上半身（胸、腕、肩）、体幹
開始姿勢	：身体が一直線になるように姿勢を保ち、手は肩幅よりも少し広げておきます
動作	：ゆっくりと肘を曲げて上体を下ろしていき、再びゆっくりと上体を上げていきます
ポイント	：身体を一直線にしたまま姿勢を意識し、お尻が上がったり腰が反れたりしないように注意しましょう
レベルダウン	：強度を下げる場合は、膝を床について行いましょう
レベルアップ	：強度を上げる場合は、片脚を浮かすことで身体に捻じる力が加わります。捻じる力に抵抗するように体幹を安定させた状態で実施しましょう

エクササイズ（2）

バックアーチ

ターゲット	：背中、殿部
開始姿勢	：うつ伏せになり、両手・両脚を伸ばして一直線になります
動作	：息を吸いながら腕・頭・体幹・同時に上げていき、再びゆっくりと元の位置に戻ります
ポイント	：両腕と体幹はなるべく高く上げますが、反動をつけたり速く行ったりしないように注意しましょう
レベルダウン	：強度を下げる場合は、両腕を腰に回した状態で行います
レベルアップ	：強度を上げる場合は、腕・頭・体幹に加えて同時に脚を上げて行います

エクササイズ（3）
スクワット

ターゲット	：下半身（もも前、もも後、お尻）、体幹
開始姿勢	：手を頭の後ろで組んで、足を肩幅に開いて立ちます。このときに軽く胸を張って体幹を意識しながら立ちましょう
動作	：前を見て胸を張った状態のままお尻を後ろに突き出すように膝を曲げていき、ゆっくりとしゃがんだ状態で一時静止し、再びゆっくりと戻って繰り返します
ポイント	：膝を曲げるときに内股やガニ股にならないように注意し、つま先と同じ方向に膝を曲げましょう。また、目線が下を向くと腰が丸くなりやすいので、しっかりと前を向くようにします
レベルダウン	：強度を下げる場合は、膝を曲げる角度を浅くして行います
レベルアップ	：強度を上げる場合は、両手を上げて行います。上体が前かがみになりやすくなるので、姿勢を保つために背中の筋肉をより必要とします

エクササイズ（4）
フロントランジ

ターゲット	：下半身（もも前、もも後、お尻）、体幹
開始姿勢	：手を頭の後ろで組んで、足を前後に開いて立ちます。このときに軽く胸を張って体幹を意識しながら立ちましょう
動作	：前を見て胸を張った状態のまま膝を曲げていき、ゆっくりとしゃがんだ状態で一時静止し、再びゆっくりと戻って繰り返します
ポイント	：膝を曲げるときに前足の膝は前に突き出ないように注意し、後ろ足の膝を下へ下ろしていくようなイメージで実施します。また、上体が前傾しないように注意しておきましょう
レベルダウン	：強度を下げる場合は、前後に開いた脚の幅を広げ、身体を安定させた状態で行いましょう
レベルアップ	：強度を上げる場合は、前後に開いた脚の幅を狭めて行いましょう。より不安定になるのでバランス能力が要求されます

エクササイズ（5）
カーフレイズ

ターゲット	：ふくらはぎ
開始姿勢	：片脚立ちで壁に手をついて上体を安定させます
動作	：姿勢を安定させたままゆっくりとつま先立ちをして、上がりきった状態で一時静止し、再びゆっくりと戻って繰り返します
ポイント	：安定した台があれば、つま先だけを乗せて行うと効果的です。自宅などでは安全性に注意して、階段の最下段や玄関などの段差を利用することもできます
レベルダウン	：強度を下げる場合は、両脚を同時に行います
レベルアップ	：強度を上げる場合は、バランスを腕の支えに頼らないように行います

エクササイズ（6）

クランチ

ターゲット	：お腹
開始姿勢	：仰向けに寝た状態で両膝を曲げておき、手はももの前に当てておきます
動作	：手でももの前をさするようにして上体を起こしていき、上がりきった状態で一時静止し、再びゆっくりと戻って繰り返します
ポイント	：おへそを見ながら上体を丸めるように起こしていきます。手は膝まで届くことを目標にしましょう
レベルダウン	：強度を下げる場合は、両手をお腹にあてて上体を可能な限り起こします
レベルアップ	：強度を上げる場合は、身体を捻って対角線のももに手をあててツイストしながら行うことで横腹の筋肉に刺激が入ります

第10章 トレーニング

アスリートの筋トレに挑戦

姿勢キープトレーニングⅠ

フィットネストレーニングレベル
お尻が突き出たり腰が反ったりしないようにキープします

スポーツトレーニングレベル
肘を前方に突き出すことで強度が急激に増します

アスリートトレーニングレベル
対角の手と足を浮かせて身体の支持面を減らすことによって捻じる負荷が増大します

ターゲット　：身体の前面の筋肉
開始姿勢　　：肩の真下に肘がくるようにし、つま先を床に立てて身体を浮かせます
ポイント　　：足関節、股関節、肩関節が一直線になるように姿勢をキープしましょう

姿勢キープトレーニング II

フィットネストレーニングレベル
背中とかかとで身体を支え、脚とお尻を浮かせて姿勢を保ちます

スポーツトレーニングレベル
肘とかかとで身体を支え、脚とお尻を浮かせて姿勢を保ちます

アスリートトレーニングレベル
片足を浮かせて身体の支持面を減らすことによって捻じれる負荷が増大します

ターゲット：身体の後面の筋肉
開始姿勢：仰向けの状態で腕や肘、かかとを支えにし、身体を浮かせます
ポイント：足関節、股関節、肩関節が一直線になるように姿勢をキープしましょう

姿勢キープトレーニングⅢ

フィットネス
トレーニングレベル
肘と膝を支えにして体幹が一直線になるように姿勢をキープします

スポーツ
トレーニングレベル
肘と足を支えにして体幹が一直線になるように姿勢をキープします

アスリート
トレーニングレベル
腕を伸ばして不安定な状態でも体幹が一直線になるように姿勢をキープします

ターゲット：身体の側面の筋肉
開始姿勢：横向きの状態で手や肘、脚を支えにし、身体を浮かせます
ポイント：腰が曲がったり反れたりしないように、身体が一直線になるように姿勢をキープしましょう

第10章 トレーニング

バランスボールを使ったトレーニング

　バレーボールは、空中でのプレーや瞬間的な判断によるプレーが多いスポーツです。そのため、多種多様な運動能力が必要とされますが、その中でもバランス能力はとても重要になります。空中でのバランス能力は、アタックやサーブで強い力をボールに伝えるために重要であり、瞬間的なディグ動作は動きながら姿勢を保つバランス能力が要求されます。

　バランス能力を向上せるための方法として、バランスボールを使用したトレーニングを紹介します。バランスボールは、ゴム製の大きなボールであるため乗っかったり支えにしたりすると不安定になります。そのため、不安定な特徴を利用することでバランス能力を向上させることができます。トレーニング方法やポイントに注意してケガのないように実施しましょう。

バランスボールに座ってみよう！

片足を浮かせて座る

両足を浮かせて座る

開始姿勢：バランスボールの上に座り、両脚を肩幅に開いて姿勢を安定させます
動作：バランスを保ちながら足を浮かします。最初は手すりなどにつかまりながら実施しましょう
ポイント：体幹を安定させて姿勢が崩れないように保つことが重要です。足を浮かして座るためには、自分自身の「軸」を発見することがポイントです

149

広くて平らな場所を確保しましょう！

　バランスボールのトレーニングは、頑張って姿勢を保とうとしたり、崩れた姿勢から戻ろうとすることで能力が養われます。そのため転倒する恐れがあるので、転倒したときに接触するものがないことを確認し、安全な環境でトレーニングを行いましょう。

バランスボールでトレーニングⅠ

開始姿勢：腕立て伏せの姿勢でバランスボールを保持して姿勢を保ちます
動作　　：乗せた両腕がぶれないように保持し、同時に体幹の安定性も保ちます
ポイント：腕だけに意識がいくと姿勢が崩れるので腹筋も意識して体幹を安定させます

バランスボールでトレーニングⅡ

開始姿勢：肩甲骨をバランスボールに乗せて仰向けで姿勢を保ちます
動作　　：身体の背面の筋肉を意識してバランスボールから落ちないようにキープします
ポイント：腕と足の位置で強度が変化し、広げると安定し、閉じると不安定になります

バランスボールでトレーニングⅢ

開始姿勢：バランスボールの上に四つん這いになり姿勢を安定させます
動作　　：顔を上げてバランスを保ちます。最初は壁際などの支えを利用しながら実施しましょう
ポイント：四つん這いの状態で自分自身の「軸」を発見することがポイントです

第11章

ゲーム分析と
正しい知識の習得

1	バレーボールにおけるゲーム分析	152
2	データの活用	156
3	タイムアウトのタイミングは？	158
4	タイムアウトの 30 秒を有効に活用する	159
5	タイムアウト後に 注意しなければいけないこと	160
6	サブスティチューションの考え方	161
7	試合中の監督の役割	162
8	試合中のコーチ・ベンチマネージャーの役割	163
9	バレーボールのルール	164
10	審判法	168
11	バレーボールにおけるルール改正の変遷	170

第11章 ゲーム分析と正しい知識の習得

バレーボールにおける
ゲーム分析

　ゲームにおけるデータ収集（スカウティング）は、事前の相手チームの分析、チームのタイムリーな状況把握、さらにはゲーム後の反省材料としても非常に有益な情報となります。自チームのデータに加え、対戦中の相手チームのデータ収集を行うことは、その後の戦術の組み立てや作戦に大きく貢献します。すでに国際レベルや国内トップリーグではイタリア製ソフト「Data Volley」の導入が常識化し、会場の指定場所（チーム統計席）からアナリストがデータ入力を行い、コンピュータを持ち込んだベンチスタッフに遠隔通信でリアルタイムに情報を送信しているなど、その技術は最先端をいっています。現実的に「Data Volley」の導入は、経済面や熟練度の問題があり導入は容易ではありません。

　とはいえ、自分たちで収集できる範囲のゲームデータは情報として残したいものです。次ページにすぐにでも活用できるフォーマットを掲載しました。また、チームによってその活用法もアレンジするなど多岐に応用し、チーム内で役割分担を決め、自チーム及び対戦チームのゲーム分析に挑戦してみましょう。あわせてビデオ撮影による映像資料も確保しておくと後に有益なものとなります。チーム内外で協力者を募り、できる限り多くのデータを収集しておくことが、さまざまなところで有効に働くといえます。

152

ゲーム得点動向シート

日　　時：＿＿＿＿年＿＿＿月＿＿＿日

会　　場：＿＿＿＿＿＿＿＿＿＿＿＿＿＿＿＿＿

対戦相手：＿＿＿＿＿＿＿対＿＿＿＿＿＿＿＿＿

セット数：＿＿＿＿＿＿＿＿＿＿＿＿＿＿＿＿＿

_____ VS _____   ___月 ___日

第___set   場所：_____

個人別集計表

	種別	アタックヒット						ブロック	サービス		レセプション	
	打数								打数		A	
	point								point		B	
	効果								効果		C	
	ミス								ミス		ミス	
	打数								打数		A	
	point								point		B	
	効果								効果		C	
	ミス								ミス		ミス	
	打数								打数		A	
	point								point		B	
	効果								効果		C	
	ミス								ミス		ミス	
	打数								打数		A	
	point								point		B	
	効果								効果		C	
	ミス								ミス		ミス	
	打数								打数		A	
	point								point		B	
	効果								効果		C	
	ミス								ミス		ミス	
	打数								打数		A	
	point								point		B	
	効果								効果		C	
	ミス								ミス		ミス	
	打数								打数		A	
	point								point		B	
	効果								効果		C	
	ミス								ミス		ミス	
	打数								打数		A	
	point								point		B	
	効果								効果		C	
	ミス								ミス		ミス	
	打数								打数		A	
	point								point		B	
	効果								効果		C	
	ミス								ミス		ミス	

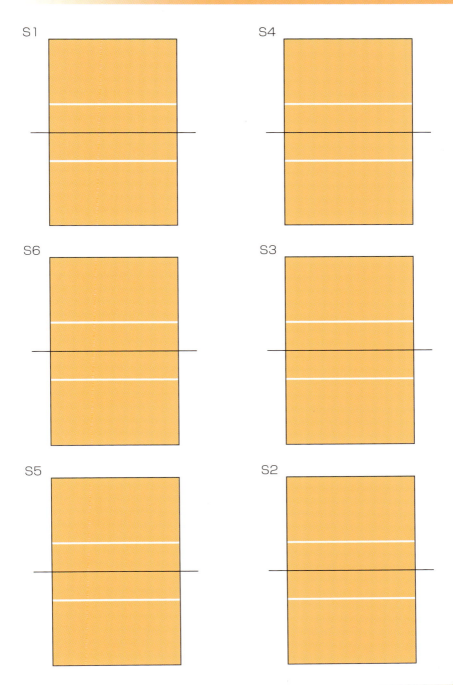

第11章 ゲーム分析と正しい知識の習得　2

データの活用

　蓄積されたデータをどう活用するかは非常に重要なところです。パフォーマンスの結果を数字（％）や表・グラフで表すことは、プレイヤーにとっても指導者にとっても主観的情報だけに偏らず、客観的にとらえることができます。これらをより具体的に示すことは、プレイヤー個人やチームの総合的パフォーマンス、さらには相手の分析として個人、チームの特徴などを見出すうえで非常に有効といえます。

　まず、収集したデータを自チームや個人などの反省材料としてミーティングなどの場で活用する場合には、その後のパフォーマンス向上のきっかけとなるような分析がよいかと思います。また、チームとして勝利した試合と敗北した試合の違いを見つけ、勝利するためにはどのぐらいの数字を出せばよいかという具体的な目標値も必要です。さらに、映像データを収集しておくと後にプレイヤーのパフォーマンス確認に非常に有効に働きます。プレーしている姿は自分では見ることができないため、試合後によかったとき、悪かったときのパフォーマンスを確認したり、プレーのイメージと現実にどのぐらいのギャップがあるのかを認識することは、その後のパフォーマンス改善へと導く糸口にもなります。よいイメージの映像を視覚的にとらえておくことは、モチベーションアップなどの効果も期待できます。

　また、相手の分析を目的に収集したデータを扱う場合には、後の自チームのプレイヤーへのプレゼンテーションを考慮して、データの簡素化作業を行うことも必要です。あまり情報量が多くても、あれもこれもと焦点が絞れなくなってしまいます。キーワード的にポイントのみを抽出し、さらに映像資料などで視覚的にも確認できればなおよいでしょう。とくに数字には出ない部分は映像資料で確認することが有益です。ブロックのつきかたや、各プレイヤーの癖、ディフェンスのポジショニングなど、実際にボールに接触していない部分は数字として表すことは困難であるからです。
　データを活用する場合にも注意すべき点があります。それは、あくまでそれまでの過程を収集したデータにすぎないということです。どのスポーツ競技においても、データが全てとして解釈するのは危険です。事前データに固執するあまり、実際のゲームでそれがうまく機能しないと、即座に対策の変更が必要になります。どんな状況でも柔軟に対応できるよう、データをうまく収集し、活用していく方法を構築していきましょう。バレーボールは、情報戦による両チームの戦術の崩し合いでゲームが展開されます。自チームがより優位にゲームを進められるようデータの活用方法も検討してみましょう。

第11章 ゲーム分析と正しい知識の習得　3

タイムアウトのタイミングは？

　現在のラリーポイント制において、トップリーグの多くの試合では、4点を先行されるとそのセットの獲得は非常に難しいという研究報告があります。これはあくまでトップレベルの統計的な数字ですが、目安となることは間違いないでしょう。また、監督がチームのさまざまな状況を見てタイムアウトの要求を迷う場面が多々見受けられます。このような場合、「迷ったらタイムアウト！」と判断してよいでしょう。後々「あのときタイムアウトを取っておけば流れは変わっていたかも…」というような反省材料になるケースが想定できるからです。

　また、1セットにつき2回までの自チームのタイムアウトの権利を有効に活用すべきです。バレーボールゲームはタイムアウト1つで大きく流れが変わる可能性を秘め、勝敗を左右する要因になる競技です。監督が選手のプレーやゲームに没頭するあまり「タイムアウトの権利をすっかり忘れてしまっていた！」ということのないように注意しましょう。自チームにおけるタイムアウト要求の権限者（監督もしくはゲームキャプテン）は、ゲーム状況を見極め「これ以上の点差は自チームが不利になる」という場面でタイムアウトを要求できるよう、冷静にゲームを見つめることが重要です。また、ラリーポイント制の特性をよく把握し、ゲーム終盤の競り合いも想定しながら相手チームのタイムアウト回数含め、その残りの有効回数をカウントしておく必要があるといえます。

第11章 ゲーム分析と正しい知識の習得　4

タイムアウトの30秒を有効に活用する

　自チームが有利にゲームを進め、対戦チームがタイムアウトを要求した場合は落ち着いて給水をし、しっかり汗を拭き取り、今一度監督を中心に相手チームの状態を考慮した戦術の確認をしましょう。その際、監督は瞬時に確認事項を整理し、簡潔に選手へ伝えることが重要です。あれもこれもと多くの情報を与えすぎては、選手はかえって混乱してしまう可能性があります。

　また、自チームが不利な状況でのタイムアウト要求の場合は、上記と同じく落ち着いて呼吸を整えましょう。そして、なぜ不利な状況になったのかを確認し、修正事項を簡潔にまとめましょう。さらには、タイムアウトがあけた後の最初のプレーをどうするべきか、どのように相手に対処すべきかの意思統一をしっかり図り、タイムアウトから最短でサイドアウトを獲得することに努める必要があります。この際、監督は選手の顔色や焦りを感じているかなどをしっかり観察し、安心感を与えてやれる言葉かけに注意を払いましょう。それまでのプレーのミスなどを指摘し続けたり、選手がますます顔を下に向けてしまうようなことがないよう、自信を持ってコートに戻れるよう配慮することも重要です。

タイムアウト後に
注意しなければいけないこと

　まず1つがサービスの順番ミスによるアウト・オブ・ポジション（反則）です。タイムアウト前にどの選手がサービスの順番であったかを確認しておく必要があります。また、サーバーやチーム内で「順番あっているか？」「次サービスは誰の番か？」という不安要素があったときは即座にIF（公式記録員）に確認することが可能です。ゲームキャプテンが「サーブは○○番（背番号）であっていますか？」「次のサーブは何番ですか？」としっかり確認し、ゲームを再開することによってサービス順番の間違いによるローテーションミスも格段に減少すると考えられます。このようなプレー以外での注意ミスによる失点は避けなければいけません。

　もう1つは、とくにサーブ権を獲得しているチームのタイムアウト直後のサーブミスです。これは相手チームのタイムアウトを成功させることになり、必然的にラリーをしないままサーブ権と得点が相手チームに与えられてしまいます。チームとして、タイムアウト後のサービスをどのようにするかの施策をタイムアウトの制限時間内で確認しておくことが重要です。

第11章　ゲーム分析と正しい知識の習得　　6

サブスティチューションの考え方

　バレーボールにおけるサブスティチューション規定は、6人制、9人制の両者では異なるため、ルールブックを確認するなど、その施行方法は熟知しておきたいところです。これらをいかに有効活用するかは、各チームの作戦や戦術によってもさまざまです。後衛ポジションでのサービスやディグを得意とするリリーフサーバー、リリーフレシーバーとしての交代や、前衛ポジションでのブロックを得意とするブロッカーとしての交代、さらにはセッターと組み合わせた攻撃枚数増加を目的とする2枚交代など、いわばチーム力の補強を狙ったメンバー交代がチーム構成メンバーによって幾通りにも準備されてくるでしょう。また、実際の試合では何が起こるかわからないため監督やゲームキャプテン（サブスティチューション等の権限者）は、不測の事態（選手のケガや体調不良によるプレー継続の困難）に備えた交代枠の確保とメンバー構成を考えながうゲームを進めていく必要があります。

1~6を先発競技者、7~14を交代競技者とし、また数字は競技者番号を示す

① 1⇔7、2⇔8、3⇔9
② 1→7、2→8、3→9、4→10、5→1
③ 1⇔7、2→8、3→9、4→10、5→1
④ 1⇔7、2⇔8、3→9、4→10

6人制の競技者交代の要領例
1セットにつき最大6回のプレイヤー交代が認められる。同一交代同士の再度交代は2回とカウントされる。交代でコートインした選手と新たに別な選手が交代することはできない。コートに戻れるのは1セット1回限りでスターティング・ライン・アップの元のポジションに限られる。
（「バレーボール指導教本（大修館）」より一部引用、抜粋）

1~9を先発競技者、10~12を交代競技者とし、また数字は競技者番号で、そのうち1~9は併せてサービス順を示す。

① 1→10、8→11、9→12
② 8→10→3、9→11
③ 8→10→11→8
④ 8→10→11
⑤ 8→10→11、9→12
⑥ 8→10→8→12

9人制の競技者交代の要領例
1セットに3回、3人を限度として複数を、または連続して要求することができる。
（「バレーボール指導教本（大修館）」より一部引用、抜粋）

第11章 ゲーム分析と正しい知識の習得

試合中の監督の役割

　多くの試合を見ていて目にする光景は、監督が自チームの選手の動きから目を離せず、失敗を見つけては檄を飛ばしているシーンです。バレーボールは、常に対戦相手がいて成り立つものです。コートの外から冷静かつ客観的に相手チームの動きをチェックし、それをコート内に伝達できるのは監督です。監督は、ゲームを行っている選手に有益な情報を簡潔に瞬時に伝えられるよう、常に準備と判断が必要です。終始冷静に自チームの選手と相手チームの特徴や戦術を見抜き、選手が安心してゲームに集中できるよう心がけるべきです。また、自チームの戦術に準備しておいた控え選手の状況や顔つきによって、その選手をいつ、どの場面でゲームに投入できるかも常に考えながらゲームを進めるべきでしょう。実際のゲームでは想定していなかった事態やさまざまな状況に遭遇します。これらに対応できるよう全てを準備して考えておく必要があります。監督のタイムアウトの取りすごしやサブスティチューションなどのミスはプレーをしている選手のストレスとなりかねず、後々の勝敗を大きく左右する可能性もあるので決断には細心の注意を払い、自信を持って判断すべきです。

第11章 ゲーム分析と正しい知識の習得

8

試合中のコーチ・ベンチマネージャーの役割

　近年、トップリーグにおいてはコンピュータをベンチ内に持参して、外部スタッフとの連携により、対戦相手のゲーム分析をタイムリーに行うことが主流となっています。この役割をベンチ内で担うのはコーチもしくはアナリストです。しかし、多くはチーム事情により、まだそのような任務を先送りしているでしょう。

　では、コーチは試合中どのような動きをとることが自チームにとって有益となるのでしょうか。監督と同様、ゲームの進行状況や自チーム控え選手などの様子を客観的に観察する冷静さが必要であるといえます。また、気づいた点や監督が戦術を常に考えている中に有益となるであろう情報を簡潔に伝えることも重要な役割となります。決して間違ってはいけないことは、あくまで戦略・戦術の最終決定は監督に委ねることです。

　このようなベンチワークの連携をうまく確立していくこともチームの勝敗を大きく左右することから、助言などにも細心の注意を払いスタッフ間の役割分担・関係をしっかり構築しておきたいところです。また、ベンチマネージャーは、ゲームの進行状況の記録（スコアブックの記載やタイムアウト・サブスティチューション回数のカウントを記録）などに徹し、必要に応じて監督・コーチへ瞬時に情報を提供できるようにしておきましょう。

第11章 ゲーム分析と正しい知識の習得

バレーボールのルール

6人制ルール

● コートと用具

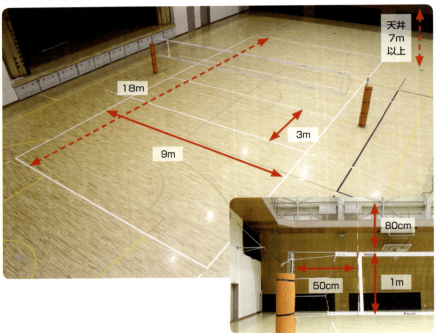

● ボール

	一般/大学/高校	中学	小学生
規格	5号	4号	4号軽量
サイズ	周囲65〜67cm	周囲62〜64cm	周囲62〜64cm
重量	260〜280g	240〜260g	200〜220g

● ネットの高さ

	一般/大学	高校	中学	小学生
男子	2.43m	2.40m	2.30m	2.00m
女子	2.24m	2.20m	2.15m	2.00m

●基本的なルール

バレーボールは、ボールを保持することなく、3回以内のボレーで相手コートにボールを返球し合うことによりラリーが成立します。ラリーポイント制によりサービス権にかかわらずラリーに勝ったほうが得点します。各セット25点先取したチームがセットの勝者となりますが、24－24の同点となった場合は、先に2点差をつけたチームが勝者となります。また、5セットマッチで試合が行われる場合のみ、3セットを先取したチームが勝者となりますが、セットカウントが2－2となった第5セットは15点制で行います。

●チーム構成

チームは最大14人の競技者で構成されます。

●ローテーションシステムの採用

サービス権を持っていない側がラリーに勝った場合は、得点とサービス権を得て、さらに時計回りに1つずつポジションを移動しなければなりません。

●競技者の交代

1つのセットにつき最大6回まで交代が可能です。しかし、交代したプレイヤーが再度コートに戻る場合は、同一プレイヤーとの交代になります。交代の要求は監督もしくはゲームキャプテンのみに限られます。

●タイムアウト

1つのセットにつき最大2回まで要求が可能です。各1回のタイムアウト時間は30秒となります。タイムアウトの要求は監督もしくはゲームキャプテンのみに限られます。

●リベロプレイヤー※

各チームリベロプレイヤー（守備専門）を登録することができます。リベロプレイヤーは、他の競技者とは異なるユニフォーム※（同色や同系色を使用したデザインのウェアは禁止）を着用しなければなりません。コート上でプレーできるリベロプレイヤーは1名でバック競技者のポジションでしかプレーできないという制限があります。そして、アタック、ブロック、サービスには参加できません。また、リベロプレイヤーとコート上の競技者が交代する場合の回数に制限はありませんが、交代を繰り返すためにはその間に必ず1ラリー終了しなければなりません。

※他の競技者と識別が困難なユニフォームを着用している場合は、出場を認められない場合もあります。リベロプレイヤーの登録人数やその運用方法については、各カテゴリー・各種大会により異なります。別途に定められた各規定を参照しましょう。

9人制ルール

● コートと用具

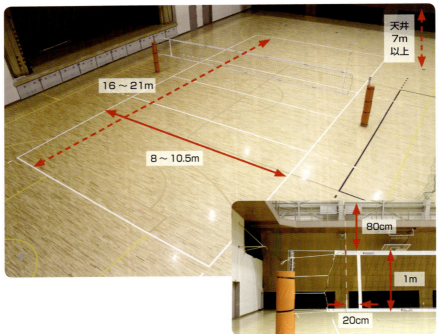

● ボール

	一般 / 大学 / 高校	中学 / 家庭婦人
規格	5号	4号
サイズ	周囲 65 〜 67 cm	周囲 62 〜 64 cm
重量	260 〜 280 g	240 〜 260 g

● ネットの高さ

	一般 / 大学	高校／家庭婦人
男子	2.38m	2.25m
女子	2.15m	2.05m

● 基本的なルール

6人制同様、ラリーポイント制によりサービス権にかかわらずラリーに勝ったほう が得点します。各セット21点先取したチームがセットの勝者となりますが、20－ 20の同点となった場合は、先に2点差をつけたチームが勝者となります。3セット マッチを原則とし、2セット先取したチームが勝者となります。サービスオーダーは ゲーム前に提出した順番を最後まで変更することはできず、次セットは前セットの最 終サービスを行ったチームとは反対側のチームの次のプレイヤーからのサービスにな ります。

● 6人制とは異なる打数カウントとネットプレー

ブロックでのタッチボールは6人制ではカウントされませんが、9人制では1回 にカウントされます。ブロッカーは自身がタッチしたボールを続けてプレーすること が可能ですが、この場合2回のボレーとカウントされます。また、ボールがネットに 接触した場合は、1回とカウントせず4回までボレーすることができます。この際、 同じプレイヤーが続けてプレーすることが可能となります。

● チーム構成

チームは最大12人（プレイヤー9人・交代プレイヤー3人）の競技者で構成さ れます。

● ポジション

ポジションの制限はありません。前衛・中衛・後衛に自由にプレイヤーを配置でき ます。

● サービス

1回目を失敗しても、2回目を行うことができます。

● 競技者の交代

1つのセットにつき最大3回まで交代が可能です。ポジション制限がないことか らコート上のどこに入ってもかまいませんが、サービスの順番は自分と交代してコー トを出たプレイヤーの順に準じます。交代の要求は監督もしくはゲームキャプテンの みに限られます。

● タイムアウト

1つのセットにつき最大2回まで要求が可能です。各1回のタイムアウト時間は 30秒となります。タイムアウトの要求は監督もしくはゲームキャプテンのみに限ら れます。

※ルールについての詳細は、6人制、9人制ともにあわせて公式ルールブックを参照してください。また、各種 大会や運営団体によって若干の規定変更なども見受けられますので、各大会事務局への問い合わせや各規定を参 照し、十分に確認することが必要になります。

第11章 ゲーム分析と正しい知識の習得　　10

審判法

　審判は、判定に必要なジャッジについてハンドシグナルを用いて示します。以下に代表的なものを示しますが、公式ルールブックなどとあわせて今一度確認してください。また、判定提示の際は、プレイヤーや観客にも明確にわかるようはっきり示すことに注意しましょう。

ファースト・セカンドレフリーによるハンドシグナル

サービス側のチーム

サービス許可

チェンジコート

サブスティチューション
（競技者交代）

ゲーム（セット）終了

ディレイ・イン・サービス
（サービスの8秒違反）

スクリーンまたは
ブロックの反則

ヘルドボール
（ホールディング）

ダブルコンタクト

ポジショナルフォールト

ボールイン

ボールアウト

ボールコンタクト

フォアヒット
（オーバータイムス）

ペネトレーションフォルト
（パッシング・ザ・センターライン）

ノーカウント

無作法な行為
（警告・イエローカード）

無作法な行為
（退場・レッドカード）

ラインジャッジによるフラッグシグナル

ボールアウト

ボールイン

ボールコンタクト
（ワンタッチ）

アンテナ外通過・サーバー
によるフットフォールト

判定不能

169

第12章 コラム

1	バレーボールの準備（1） ウェアの選び方	172
2	バレーボールの準備（2） シューズ・サポーターの選び方	174
3	目を鍛えよう！（1） バレーボールとスポーツビジョン	176
4	目を鍛えよう！（2） ビジュアルトレーニング	178
5	スターティングメンバー外プレイヤーの役割	180
6	ゲーム形式の練習マッチなどにおける 対戦カードの立案	181
7	応急処置	182
8	熱中症	183
9	水分補給	184
10	対談 今の練習が次世代の金メダルにつながっている 白井貴子	185

第12章 コラム

バレーボールの準備（1）
バレーボールに適したウエアの選び方

鎌形満昭（株式会社横浜黒川スポーツGALLERY・2新宿店）

1．ユニフォーム材質
　近年は昇華プリントといったユニフォーム本体にマーキングがプリントされている軽くてデザイン性の高いユニフォームが採用されています。かつては綿×ポリエステル素材がほとんどでしたが最近ではポリエステルの吸収・速乾に優れた素材が多く選ばれています。

2．サイズ選び
　自分の体に合ったサイズのユニフォームは最良のパフォーマンス発揮に必要不可欠です。メーカーによってサイズスペックが多少異なるので、サンプルがあれば実際に袖を通してみるのが良いでしょう。着用して腕が上げやすいか、激しく動いても裾がパンツから出ないかなどを確かめましょう。

3．形を決める
　バレーボールのユニフォームには、袖の形にいくつか種類があります。長そで、半そで、フレンチスリーブなどがそれです。これは、パフォーマンスに直接影響する部分ですので、動きやすさや着用する季節などを考慮して決定するのが良いでしょう。首元の形も、襟付き、Vネック、円首などの種類が主流になっています。

女子に多く見られるフレンチスリーブ

襟あり、Vネック

4．デザインやカラーを決める

　デザインやカラーは、メーカーの担当者を交えて綿密に打ち合わせることで理想のデザインを完成させることが可能です。近年、複雑なデザインやグラデーションカラーなど、プリント技術を用いて作成されたユニフォームが台頭してきました。今までの縫製技術では不可能だったものも可能となり、チームのオリジナルデザインを表現するのにすばらしい加工技術といえます。

5．ユニフォーム規定

　大会に出場するチームはその組織ごとのルールに法った規定のユニフォーム着用が義務付けられます。特に財団法人日本バレーボール協会公認メーカー以外のウエアの場合は大会主催者等に確認しておくことをお勧めします。また、公式大会には万が一の不測の事態に備え最低でも2着のユニフォームを会場に持参することをお勧めします。

SPORTS SHOP GALLERY・2
http://www.gallery2.co.jp

■新宿アドホック店

東京都新宿区新宿 3-15-11
アドホックビル 4～6F
TEL　046-292-2225
OPEN 11:00～21:00
4F
5F　6F

■バレーボール取扱い店舗
■港北店　横浜市営地下鉄 センター北駅　徒歩1分
　　　　　ノースポート・モール 4F
TEL 045-910-0635　OPEN 10:00～21:00
■海老名店　小田急／相鉄線 海老名駅　徒歩5分
　　　　　　イオン海老名S.C. 立体駐車場棟1F
TEL 046-292-2225　OPEN 09:00～21:00
■オンラインショップ
http://shop.gallery2.co.jp

第12章 コラム

バレーボールの準備（2）
バレーボールに適した
シューズ・サポーターの選び方

1．シューズの種類と特性

　シューズはローカット、ミドルカットが主流となっています。ローカットは可動域が広く動きやすい、ミドルカットは足首の安定性があるなどの特徴があります。シューズによっては軽量化されたものやクッション性に優れたものもあります。「素早く動けるようにしたい」「ジャンプに力を入れたい」など具体的に理想としたい動きがある場合は、それに即したものを選ぶと良いでしょう。また、自分の体（特に足型）の特性にあったものを選びましょう。

　　ローカット　　　　　　　　ミドルカット

2．シューズ選びの留意点

　必ず試着をしてから購入を決めましょう。今日ではインターネット等での購入も可能ですが、実際に履くことができなければフィット感など細部を確かめることができません。購入前に試着することが怪我の防止にも繋がります。また、試着の際普段使用している靴下を使うとさらに良いといえます。履いてみてシューズの前方が0.5cm〜1cm程空いているものが理想的です。その場で踏み込んでみたりジャンプをしてみるなど、違和感がないかを確かめましょう。デザイン重視で選ぶより、機能性重視をお勧めしますが、デザインも自分好みだと士気も高まりパフォーマンスにも好影響が期待できるともいえます。

ヒモは前方に向けて結ぶとしっかり締めることができます

ジャンプしてみるなどをしてフィット感を確かめましょう

１．膝サポーターの種類と選び方の留意点

　膝サポーターは、ブロック状になっていてフィット性に優れているもの、膝上までカバーがあるもの、分厚くてクッション性があるものなど種類は様々です。小学生や初心者の方には膝を強打しても怪我の防止といった安心感が得られる分厚いものがお勧めです。膝サポーターもシューズと同様、自分の好みにあったものを選ぶのが一番です。

２．買い替えの目安

　シューズもサポーターも使用頻度によって消耗していきます。自分にあったものだからといって長期にわたり使用し続けていては、いずれ「自分に合ったもの」ではなくなってしまいます。時期がきたら新しいものに買い換えバレーボール活動における怪我の防止、さらなるパフォーマンスの向上に努めましょう。シューズは、裏側が磨り減って滑りやすいと感じた頃、膝サポーターは損傷が激しかったり、洗っても匂いが取れなくなった頃が買い替えの目安であると考えてよいと思います。

お客様にあったバレーボール用品を一緒にお選びします。お気軽にご相談下さい。ご来店をお待ちしております。

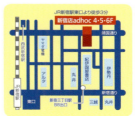

(株)黒川スポーツ
GALLERY・2
新宿店
JR新宿駅東口徒歩２分　アドホックビル４Ｆ

175

第12章 コラム

目を鍛えよう！（1）
バレーボールとスポーツビジョン

　スポーツシーンにおいてプレイヤーは人間の持つ知覚器官（視覚・聴覚・触覚・嗅覚・味覚）のうち80～90%は視覚を通して外界からの情報を得ています。一般的にパフォーマンスといえば筋力や体力を中心とした出力系が重要視されますが、これらは的確な入力システムがなければよいパフォーマンスには結びつきません。その入力システムの中心が「眼」であり、静止視力をはじめとする動体視力、周辺視野、瞬間視、眼球運動などといった視機能をスポーツビジョンと呼びます。これらが迅速かつ同時に、しかも正確に働くことが重要になり、とくにバレーボールにおいては、あらゆるスポーツビジョンを活用しなければならない球技種目といわれているのです。

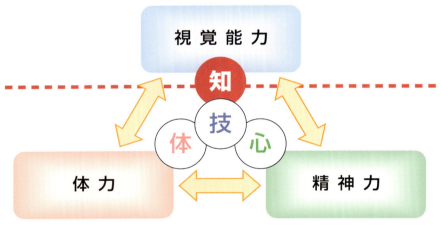

「スポーツビジョン研究会資料より抜粋」

たとえば、相手アタッカーから放たれたボールの速度は、男子が全力で打った場合、約 27m/sec、女子の場合でも約 18m/sec といわれており、時間にすると約 0.3 秒でディガーにボールが到達してしまうことになります。これに反射的に対応するには、「動体視力」と「眼と手・足の協応動作」のスポーツビジョン能力が重要となります。また、競技特性からボールを保持できないため、次々に場所を変えていくボールを眼で追い続けなければならないので、これには「眼球運動」の能力が必要になります。さらには、移動するボールを確実に眼で捕らえながら相手の守備体型を瞬間的に見て攻撃方法を瞬時に決定、また、変更するためには「瞬間視」が威力を発揮します。競技レベルの高い選手や、運動経験が豊富な選手のほうが視覚能力も高いことが明らかにされていることから、スキル向上を求めるとき、出力系トレーニングのみに限らず、同時に入力系の視覚能力（スポーツビジョン）もトレーニングしていくことがスキルアップの近道といえるのです。

第12章 コラム

目を鍛えよう！（2）
ビジュアルトレーニング

トレーニング事例紹介

視点移動トレーニング

約10秒ほどの時間、両手の指先に次々と視点を移動させます。

左右横方向への視点移動

上下縦方向への視点移動

右斜め上から左斜め下方向への視点移動

左斜め上から右斜め下方向への視点移動

実践的な対人パスにおけるトレーニング

空中を飛来して向かってくるボールから一瞬視線を離し、相手のサインによって「1」ならばオーハンドパスで、「2」ならばアンダーハンドパスで返球します。

オーバーハンドパスで返球

アンダーハンドパスで返球

レセプションにおけるボール追跡トレーニング（P56参照）

ボールに数字（0～9）を記入し、相手のサービスからレセプションまでの間ボールをしっかり追跡して数字が判別できたらそれをコールしながら返球します。

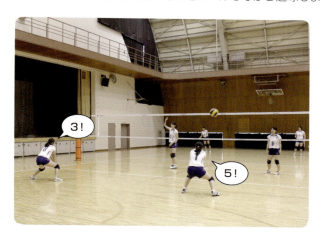

ＰＣソフトを用いてのスポーツビジョントレーニング

「ウルトラアイ」Book & Books 株式会社製（愛知工業大学石垣尚男監修）を用いて動体視力、眼球運動、周辺視、瞬間視の4項目のトレーニングが可能です。

ここにあげたトレーニング事例は手軽に取り組めるほんの一部にすぎません。ビジュアルトレーニングの導入には、この他にもいくつものトレーニング方法が専門書などで紹介されています。それらを参考にするほか、新たな発想からバレーボールの練習を独自に生み出していくことも可能です。

スターティングメンバー外プレイヤーの役割

　チーム構成員が多いチームは、その都度試合に出られない登録メンバーから漏れてしまうプレイヤーが出てしまいます。そういうときこそ力を発揮するときです。「なぜ自分がメンバーに選ばれないのだ？」「あの選手より自分は頑張ってきた！」と強い気持ちを持つことは非常に重要です。しかし、その大会や試合当日において、対戦相手の特徴やそれまでの準備段階で調子を上げている選手がいるなど、監督は何らかのそれぞれの状況を加味した意図があって当日のメンバーを選択しているのです。自分がチームの戦術に合わないから、自分はチームの力になれないプレイヤーだからと悲観的にならず、その状況に応じて自分が何かチームに貢献できる役割はないかを見つけ出し、チーム全メンバーで試合に臨むことが重要です。チームの応援役に回るのも1つであるし、試合中のドリンクサポート、メンバーの荷物・貴重品管理、試合のスコア記録・ビデオ録画担当なども後のチームミーティング時の貴重な資料となります。チームを支える人々がいるからこそ、選ばれた選手たちは安心して試合に集中できるのであり、ゲームを終えれば必ずチームメイトに感謝の気持ちを持つでしょう。チームに属する存在価値と誇りをしっかり持って、さまざまな役割分担のもと、結束力を高めることに努めてもらいたいものです。

第12章 コラム

ゲーム形式の練習マッチなどにおける対戦カードの立案

　日頃の個人スキル・チーム力の向上を目指した集合練習やウェイトトレーニングの成果は、公式戦で最大限発揮することが目的の1つです。チームによっては、公式大会前などに実戦形式のゲーム練習を取り入れたり、他チームとの交流試合などを導入する例も少なくないでしょう。とくに複数チーム合同で実施する際は、極力各チーム平等に対戦・交流を図りたいものです。そのような際には、下記の表を参考にするのもよいでしょう。

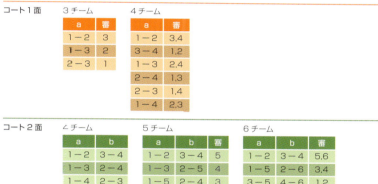

第12章 コラム

応急処置

　スポーツを行う上で、やはり避けたいのがケガだといえます。とくにバレーボールにおいては、肩、指、足首などの外傷が多いのです。しかし、ケガが発生してしまった場合においても、適切な応急処置によって痛みの軽減、二次的損傷を予防し、早期回復へいち早く導くことが可能です。また、誤った自己判断によるケガの悪化を防ぐためにも、適切な応急処置の後には専門医の診断を仰ぐことが必要となります。

応急処置の基本『RICE』
① Rest（安静）
　運動をただちに中止して安静にすることが第一になります。損傷したまま運動を継続すれば、ますますそれは悪化し、二次損傷につながってしまいます。
② Ice（冷却）
　損傷を受けた部位を即座に冷却することにより痛みの軽減、浮腫や内出血による腫脹を軽減させます。受傷後10分以内に冷却適用できるよう準備を速やかに行います。また、冷却は凍傷の危険を避けるため断続的に行います。
③ Compression（圧迫）
　損傷を受けた部位を圧迫することにより、それ以上の内出血や腫脹を抑えます。
④ Elevation（挙上）
　患部を心臓より高い位置で保つようにします。これにより内出血による腫脹を抑えます。とくに下肢を挙上する場合は、患部のみならず下肢全体を支持するようにし、身体全体もリラックスできる状態を維持しましょう。

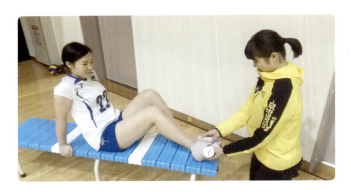

熱中症

　熱中症は、そのときの気温や湿度、体調や運動量などさまざまな要因が重なって発生しますが、とくに高温多湿の環境下で水分補給を怠った場合に発生しやすくなります。

　また、熱中症は夏季シーズンにのみ起こるものだと考える人も少なくないと思いますが、運動の前日に比べて急激に気温が上昇することがある春先や初夏でも発生しやすくなります。これは身体が温度変化に慣れていないことが大きな原因であり、とくに身体が未発達な世代には注意が必要です。

分類
① 熱失神
　皮膚血管の拡張により血圧低下を引き起こし、めまいや失神などの症状がみられます。
② 熱痙攣
　大量の発汗時に水のみを補給することにより塩分濃度が低下し、各筋肉に痛みを伴った痙攣が発生します。
③ 熱疲労
　脱水によるものであり、脱力感・倦怠感・めまい、吐き気など自覚症状がみられます。
④ 熱射病
　体温の過剰な上昇によって会話ができなくなったり、言動がおかしくなったりといった意識障害が発生し、とても危険な状態です。

熱中症の処置方法
　体温の上昇を防ぐためにウェアを緩めて涼しい場所に搬送し、スポーツドリンクをこまめに補給させながら安静を保ちます。熱射病の場合には死亡に至る危険もある緊急事態なので、一刻も早く病院へ搬送します。また、いち早く体温を下げて意識回復をさせるのも重要になりますので、水を全身にかけたり身体における太い血管のある部分に氷や濡れタオルをあてたりする方法が効果的です。

水分補給

　定期的な水分補給は脱水症（体液量が不足した状態）を防ぎ、また熱中症の防止にもなります。とくに運動前から運動中、運動後とこまめに補給を行うことで前ページのような障害を未然に防ぐことができ、安全かつ安心してスポーツ活動に取り組めるでしょう。また、運動終了後に多量の水分補給をする姿を多く見かけますが、これはその後の食欲をなくす原因にもなるので補給の頻度とタイミングを多く設定するようにしましょう。

第12章 コラム

対談
今の練習が次世代の金メダルにつながっている
—— 普及活動と国際競技力

白井貴子
NPO法人バレーボール・モントリオール会理事

—— 銀・金メダル（それぞれ1972年ミュンヘン大会、1976年モントリオール大会）を獲得した元日本代表選手の白井さんにお聞きしました。

全ポジションをこなせるように

白井：最近の日本代表はどうして勝てないのか、とよく聞かれます。私たちの時代は日本か旧ソ連の2強対決でした。東京五輪からの4大会、金メダルを2個ずつ取り合ったのち、日本は1984年のロサンゼルス五輪で銅、その後は2012年ロンドンまで表彰台に上がれませんでした。ライバルだったロシアがトップ3に残っているならなぜかということを考えます。それがヒントになると思います。私は代表チームなどの指導は行ってきていませんので単純に元選手として考えるのは、日本と何が違うか、長身者の人口が違うかもしれませんが、挙げられるのは層の厚さです。

ロシアの選手たちは皆、一通りのポジションをこなせた上で、それぞれ得意な

技術指導の風景

いろいろな動作・ポジションを経験しよう

プレーを持っています。一方、日本の選手はアタックならアタック、レシーブならレシーブと、1つのプレー、1つのポジションしかできません。レシーブもトスもアタックもできて、その中でもとくに優れたポジションを担うのか、レシーブもトスもできないからアタッカーを担うのか、その違いだと私は思います。

とはいえ、全ての技を身につけ磨くのは時間がかかります。ただでさえ長身者は機敏に動けないものです。ルールとしても、ご存知の通りボールを落とさず3コンタクト内で相手コートに返さなければならず、このトスはあまりうまく上げられなかったからもう1回、とはできません。広く、根気強く教える必要があり、指導者不足とも言われている中、一番簡単なのは、中学までは9人制に戻すこと。私たちは中学まで9人制をやり、高校から6人制に移行しても金メダルをとれました。6人制は先述のように難しく、普及の面から見てもハードル

が高いと言えます。9人制のコートで日本独特のバレーボールをやって、まず筋力や体力をつければ、技術向上につながるし競技人口も増えると私は思っています。

増山：僕は強化のためにはリベロをなくすといった、ルール改正による対応を考えていました。僕らの現役時代はルールがめまぐるしく変わったんです。リベロが導入され、ボールも変わって。

白井：結局、長身選手もレシーブしなければだめ。自分でレシーブすることでこそ、アタックがどこに決まるかわかっていくものなんです。同じようにレシーバーも、ピンポイントを狙ってアタックを打つ難しさを実感するからこそ、どこで守るべきかわかります。「拾わなければ打てない、打たなければ拾えない」が私の持論です。それがリベロ導入によって打つだけ、拾うだけにしてしまったので中途半端だと感じます。見る分には面白いかもしれませんが、技術は伸びな

レシーブの基本は足

い。体格で劣る上に技術も伸びなければ、それは勝てないのではないでしょうか。チームプレーに逃げ込んでしまうと個人が伸びません。個人を高めてこそチーム。スポーツというのはどこまでいっても個人なのです。9人制なら9番目、6人制なら6番目の選手がどれだけ活躍できるかがそのチームの勝率に関わってきます。

　私はママさんチームの選手たちに、9つのうち3つのポジションをできるようにしておきなさいと話しています。レフト・センター・ライト1つずつでもよいし、前衛・中衛・後衛1つずつでも構いません。そうすればチームに何かあったとき対応できるし、自分が歳をとっても長くバレーボールを楽しめる。

段階的に上達の道を

増山：10代の選手たちの「伸び悩み」にはどのように対応したらよいでしょうか。

白井：身体ができていないうちは、シンプルに1つのことをやらせればよいと思います。まずはサーブ、次にサーブレシーブ。サーブを徹底して打っているうちに筋力がつきますし、サーブレシーブができれば大体のことはできます。その次にアンダーパス。指導書など一般的にはオーバーパスからと言われますが、身体の正面、腹の前で取るアンダーからをおすすめします。トップ選手が腕1本でレシーブできるのは基本ができているからで、その真似をして癖がついてしまうと直すのに時間がかかります。レシーブの基本は手でなく足でするものなのです。

　また、オーバーパスは最初に苦手意識を持ってしまうとなかなか克服できません。いきなり9メートルパスをやらせようとせず、1メートルのパスから始めて2メートル、3メートル…と段階を踏むべきです。とくに女子は10代前半ではオーバーで9メートルパスを行う

ほどの筋力がついていません。私たちも最初は壁に向かっての練習でしたし、距離が出せないうちはアンダーパスでかまわないはずです。

増山：僕はバレーボールの指導に行きますが、対象は教えてくれる人がいない、というチームです。つまりすでにバレーボールという枠に入っている人たちであり、僕らの技術指導はその人たちがうまくなる1つのきっかけにはなりますが、国際競技力にはつながらないのではないかと思います。普及とは競技人口の拡大であり、市区町村とも連携して、もっと子どもたちをバレーボールに巻き込んでいきたいです。

白井：バレーボールに興味を持ってくれたらいいよね。私も中学に教えに行くことがありますが、外部講師だからこそ体育の授業とは違う形で、もっと面白い方法もあるよというのを示します。その1コマ、45分間の指導でも子どもたちは変わります。とくに最近の子どもたちには、取っ掛かりはおもしろおかしくしてあげないとだめだと思います。それで興味を持ち、子どもが自らうまくなりたいと思うようになったら基本から叩き込んでいく。教えるのはすごく怖いことで、指導者というのは難しい仕事だとも思いますが、そういった心掛けをもってみてはどうかと思います。100点から減点していくのでなく、ゼロから加点する。そのほうがおもしろいし、選手本人も教えるほうもきっと楽なはずです。

増山：せっかくバレーボールに興味を持ってくれても、バーンアウトする選手も少なくないですね。

白井：全国大会至上主義になってしまっているのかなと思います。目先の勝利を優先すると故障も増えます。もちろん全国大会出場、さらには日本一は学校の栄誉ですし選手たちも達成したいでしょう。でも、日本代表の育成につながっているか、と考えるとどうでしょうか。実は、金メダルチームのレギュラーの中で、高校時代に全国大会経験者は1人だけなんです。まだ身体の完成していない子が基本も身につけずプレーし続けたら身体を壊してしまいます。

白井貴子（しらい・たかこ）
NPO法人バレーボール・モントリオール会理事

FC 東京指導普及活動紹介

FC 東京バレーボールチームは、東京都を中心に
バレーボールの普及活動にも積極的に取り組んでいます

バレーボール教室

「バレーボールを楽しむ、もっと好きになる」・「チャレンジする」をコンセプトに、基本プレーの講習を中心としたバレーボール教室を 2002 年から開催。子どもたちの世代ごとの発育発達を考慮した技術指導を行い、また、成長期の子どもたちを大切に育てるため、指導者の方々を対象に、FC 東京バレーボールチームトレーナーによる講習会（スポーツ傷害に関する知識や望ましい食事の摂り方等）を同時開催しています。

駒沢スマイルクラブ（家庭婦人バレーボールスクール）

1964 年東京オリンピック後にスタートした 50 年以上の歴史ある家庭婦人バレーボールスクール。技術向上を図るとともに、生涯スポーツとしてバレーボールを普及することを目的としています。FC 東京バレーボールチーム普及スタッフが 2003 年より講師を務めています。

そのほか、小金井市総合体育館や墨田区総合体育館など東京都内各地域で週 1 回等のレッスンを継続的に行っています。

出張チーム指導

　FC東京のバレーボール指導専門スタッフが、家庭婦人（ママさんバレー）カテゴリーや学校部活動のチーム練習場へお伺いして実地指導を行います。
- チーム課題の改善を集中的に行う練習
- チーム戦術など実戦を意識した練習
- 教室形式の練習

　……などなど、皆さまのご要望にあわせて対応いたします。
　技術上達や練習方法についてのお悩みがあれば、遠慮なくご相談ください。

問い合わせ：FC東京バレーボールチーム事務局
　　　　　　TEL. 03-3635-8955

■担当講師プロフィール

竹内香奈子
（FC東京バレーボールチーム指導専門チーフスタッフ）

　卓越したレシーブ能力を発揮してチームの守りの要となり、群馬銀行9人制バレーボール部在籍時に国民体育大会を含む実業団全国タイトルを奪取すること22回。持ち前の確かなスキルと、明るく（ときに厳しく）人に接するキャラクターは、指導を担当する多方面の受講生からも厚い信望を得ている。

高橋寛記
（FC東京バレーボールチーム指導専門スタッフ）

中山荘子
（FC東京バレーボールチーム指導専門スタッフ）

あとがき

　私は、ＦＣ東京バレーボールチームにおける指導普及活動をお手伝いさせていただきながら様々な現場ならではの問題点、実際の選手らから寄せられる疑問の声に向きあい、その問題解決にあたってきました。それだけバレーボールに取り組む方々の情熱と真剣味を受け、この普及活動の有用性を強く感じています。学校部活動においては、昨今の少子化や顧問教員の減少からバレーボール部が休部、消滅といった流れをくいとめることができずにいます。また、ジュニアクラブや家庭婦人などの地域スポーツにおいても指導者確保の難題を常に抱えているクラブが多いことがあります。このような現状の中、ＦＣ東京バレーボールチームも指導普及部を独自に設置し、東京都内を中心に教室やスクールの実施、小・中学校への出張授業、地域クラブを対象にした出張コーチといった活動を幅広く展開し、バレーボールの普及と発展に努めています。本書は初版にあたる「スキルアップ！　バレーボール」をさらに発展させ、現場での指導内容をより広く盛り込みました。これにより多くの方々のバレーボールライフが豊かになることを期待しています。

　最後に本書発刊にあたり(有)ブックハウスHD浅野将志氏には本書の製作計画から多大にご理解とご協力をいただきました。また、株式会社デサント様、株式会社横浜黒川スポーツGALLERY・2新宿店バレーボール担当鎌形満昭氏には取材および製作協力を快く引き受けていただきました。さらには本書撮影モデルとして協力いただきましたFC東京バレーボールチーム指導普及スタッフならびに中央学院大学バレーボール部女子チームの皆様に厚く御礼申し上げ、本書のあとがきとさせていただきます。

増山光洋

執筆者
増山光洋　中央学院大学准教授　同大バレーボール部女子チーム監督
　　　　　日本体育協会公認バレーボール上級コーチ

略歴：1977年東京都生まれ。国士舘大学大学院スポーツシステム研究科トレーニングシステム専攻修了。大学卒業後Ｖ・チャレンジリーグにて7年間プレーした後、高校・大学チームのコーチを経て2010年より現職。チーム指導にあたる傍ら、FC東京バレーボールチームによる指導普及活動にも積極的に参加し、さまざまなカテゴリーを対象にしたバレーボール指導にあたっている。

監修者
吉田清司　FC東京バレーボールチーム総監督

執筆協力
宮本大輔　リーフラス株式会社　元FC東京バレーボールチームアスレティックトレーナー
白井貴子　元全日本女子代表　モントリオールオリンピック金メダリスト

参考・引用文献
「基本から戦術までバレーボール」吉田清司著（日東書院）
「競技別スポーツビジョン・トレーニング」真下一策他（ナツメ社）
「スポーツのための視覚学」スポーツビジョン研究会編（NAP）
「セリンジャーのパワーバレーボール」A・セリンジャー他（ベースボール・マガジン社）
「Thinking Volleyball 100Q 入魂」バレーボール学会編（日本文化出版）
「バレーボールコーチングの科学」カーク・マクガウン編（ベースボール・マガジン社）
「バレーボール指導教本」日本バレーボール協会編（大修館書店）
「バレーボールの学習指導」小鹿野友平他（不昧堂出版）
「バレーボールマインド」吉田敏明著（道和書院）
「Volleypedia」日本バレーボール学会（日本文化出版）
「バレーボール6人制競技規則」日本バレーボール協会・審判規則委員会（日本バレーボール協会）
「バレーボール9人制競技規則」日本バレーボール協会・審判規則委員会（日本バレーボール協会）
「Volleypedia ～バレーボール百科事典～」日本バレーボール学会・編（日本文化出版）

協力
FC東京バレーボールチーム

取材協力およびモデルウェア提供
株式会社デサント
株式会社横浜黒川スポーツ　GALLERY・2新宿店

編集
浅野将志（有限会社ブックハウス・エイチディ）

写真提供
FC東京バレーボールチーム
学校法人中央学院中央学院大学企画・広報課　高橋輝成

撮影
浅野将志

ブックデザイン
有限会社ハンプティー・ダンプティー

撮影モデル

竹内香奈子、小林荘子、岳衡、高橋寛記（FC東京バレーボールチーム指導普及スタッフ）
中山瑞稀、齋藤千遥、田邉果凛（中央学院大学バレーボール部）

中央学院大学バレーボール部女子チーム

スキルアップ！ バレーボール 改訂版

2011 年 5 月 11 日　第 1 版第 1 刷発行
2017 年 3 月 20 日　改訂版第 1 刷発行

著　者　　増山光洋
発行者　　松葉谷勉
発行所　　有限会社ブックハウス・エイチディ
　　　　　〒 164-8604　東京都中野区弥生町 1 丁目 30 番 17 号
　　　　　電話　03-3372-6251
印刷所　　株式会社平河工業社

方法の如何を問わず、無断での全部もしくは一部の複写、複製、転載、デジタル化、映像化を禁ず。
©2017 by Mitsuhiro Masuyama　　Printed in Japan　　ISBN978-4-909011-01-5
落丁、乱丁本はお取り替えいたします。